# 7 MEJORES CUENTOS
# BOLIVIA

Tacet Books

# 7 mejores cuentos
# Bolivia

Editado por
August Nemo

Editor August Nemo
Diseño de cubierta y interior Mayra Falcini
Marketing Horacio Corral

Catalogación en la Publicación (CIP)

---

Nemo, August (org).
N436 7 mejores cuentos - Bolivia / August Nemo (org.)– São Paulo, SP: Tacet Books, 2021.
103 p. : 14 x 21 cm

ISBN 978-65-89575-36-8

1. Escritos diversos en español

CDD 868

---

Tacet Books
*Hecho en silencio*
*Para mentes ruidosas*

www.tacetbooks.com
tacet.books@gmail.com

# Índice

# Introducción

Los pueblos de Bolivia cuentan con una rica tradición oral, manifestada en mitos, leyendas, cuentos, etc., que por desatención, aún no han sido puestos en el papel. La población boliviana, compuesta en su mayoría por indígenas y mestizos, ha enriquecido la literatura nacional con diversos matices, criollos o de otra índole, para convertirla en lo que apreciamos en la actualidad: una literatura rica, oriunda de las tierras bajas (Amazonia), de los valles y de los Andes bolivianos. La constante agitación política que ha vivido Bolivia a lo largo de su historia (revoluciones, golpes de estado, dictaduras, guerras civiles, guerras con países vecinos) ha perjudicado el desarrollo intelectual del país. Muchos talentos tuvieron que emigrar o fueron ahogados por la convulsión interna.

Las primeras manifestaciones hay que buscarlas en las crónicas relativas al virreinato del Perú, como la Crónica moralizada del Orden de San Agustín en el Perú, con sucesos ejemplares en esta monarquía (cuyo primer tomo fue publicado en Barcelona en 1638 y el segundo en Lima en 1653) de Antonio de la Calancha, aunque la literatura tardó en ofrecer resultados propios de algún interés.

Hubo que esperar al romanticismo para encontrar al poeta Ricardo José Bustamante (1821-1886) con obras de exaltación patriótica, como Hispanoamérica libertada (1883), o de teatro, como Más pudo el suelo que la sangre (1869). En las últimas décadas del siglo XIX aparecieron personalidades de verdadero relieve: el ensayista, bibliógrafo e historiador Gabriel René Moreno (1836-1909), preocupado por la literatura (en 1955 se reunieron sus trabajos de crítica literaria bajo el título Estudios de literatura boliviana) y por la historia de su país (Últimos días coloniales en el Alto Perú, publicada en 1896), además de ser el autor de valiosas obras en el campo de la crónica y la bibliografía; y el narrador Nataniel Aguirre, que volvió sobre las gestas de la emancipación en su novela Juan de la Rosa. Memorias del último soldado de la Independencia (1885).

El modernismo contó con un poeta excelente, Ricardo Jaimes Freyre aunque de origen boliviano, se nacionalizó, años más tarde, argentino, al que se sumarían posteriormente Franz Tamayo y Gregorio Reynolds (1882-1947), con obras de extraordinaria belleza, como El cofre de Psiquis (1918), Horas turbias (1922) o Illimani (1945).

Con Alcides Arguedas, político, ensayista y narrador, la literatura boliviana se orientó hacia preocupaciones regeneracionistas (su novela Raza de bronce, publicada en 1919, constituye el punto de arranque de la literatura indigenista) y descubrió la realidad nacional y sus problemas. Armando Chirveches (1881-1926), Antonio Díaz Villaamil (1897-1948), Tristán Marof (1896-1979), Carlos Medinaceli (1899-1949) y otros escritores colaboraron en esa tarea, que recibió un fuerte impulso con la guerra del Chaco (1932-1935).

Este conflicto, que enfrentó a Bolivia con Paraguay, proporcionó inspiración a los novelistas Gustavo Adolfo Otero (Horizontes incendiados, publicada en 1933), Augusto Guzmán (Prisionero de guerra, 1938), Adolfo Costa du Rels (Laguna H-3, 1938), Jesús Lara (Repete, 1938) y Augusto Céspedes (Sangre de mestizos, 1936), entre muchos otros. Ese impulso permitió el análisis de problemas sociales como los que afectaban al indígena, que encontró en Jesús Lara a uno de sus defensores más destacados, con obras como Tragedia del fin de Atawallpa (1937).

A partir de la década de 1950 se observaron síntomas renovadores gracias a Marcelo Quiroga Santa Cruz, cuya obra Los deshabitados (1957) abandonó los estereotipos vigentes en el país al tratar la conciencia de sus personajes. La herencia modernista se orientó hacia la realidad boliviana en poetas como Primo Castrillo (1896-1985), Raúl Otero Reiche (1906-1976) y Octavio Campero Echazú (1900-1970), encuentro que adquiere, algunas veces, matices sociales.

El teatro boliviano ha tenido escasas oportunidades de desarrollo. Lo cultivó el filósofo y dramaturgo Guillermo Francovich, que abordó en sus piezas problemas relativos a la realidad de Bolivia y a la condición humana, que también fueron temas de sus numerosos ensayos.

# El Diablo Químico

*Adela Zamudio*

En el primer día creó Dios el cielo y la tierra y separó la luz de las tinieblas; el segundo creó el firmamento; el tercero reunió las aguas en los mares y formó los árboles y las plantas; el cuarto hizo el sol, la luna y las estrellas; el quinto los peces y las aves; el sexto todos los demás animales y después de todo, Dios dijo: "Hagamos al hombre a nuestra imagen y semejanza".

Pero éstos que en la sublime sencillez del Génesis son llamados días, esto es, momentos de la eternidad, comparados con nuestras limitadas medidas del tiempo, equivalen a series de siglos; y fue precisamente en la última de estas grandes épocas, en el momento de la formación del hombre, que ocurrió un incidente sin el cual nunca he podido explicarme la chambonada que Adán y Eva, o si quieren ustedes Eva y Adán, fueron a cometer en el Paraíso con motivo de la manzana.

Dios, en sus inescrutables designios, antes de poner a la criatura racional en posesión absoluta de la suprema felicidad a que la había destinado, y no queriendo que a esta felicidad faltase la íntima satisfacción de haberla merecido, resolvió someterla a una prueba por medio de la cual la alcanzara.

Y a fe que no era poca ganancia la de merecer la bienaventuranza eterna por un simple acto de obediencia a su Creador; por cosa parecida, esto es, por un simple acto de adhesión, la habían conquistado los ángeles. Viéndolo bien, las tales pruebas, más eran una fórmula que otra cosa.

Tengo para mí que Miguel, el jefe de los ángeles que militaron contra los espíritus rebeldes arrojados del Empíreo, fue el mismo que llevó a los infiernos al noticia de la permisión divina que autorizaba al espíritu del mal para que fuese a tentar la obediencia del hombre, criatura recién formada de un poco de barro, y de su compañera, salida de la costilla del primero, que habían sido colocados, rodeados de animales de toda especie, en un paraíso de delicias donde Dios les había dicho: "Creced y multiplicaos".

Muy fácil de explicarse es que el celeste mensajero que, habiéndose visto un día obligado a descargar el peso de su espada justiciera sobre los rebeldes, los cuales, era natural que le infundiesen cierta compasión como camaradas que habían sido, se apresurase de buena gana a comunicarles una nueva que debía serles agradable siquiera porque les proporcionaba la ocasión de irse a dar un paseito por el fresco. Este exceso de diligencia fue el que ocasionó, en el orden cronológico de los acontecimientos, una alteración de gran trascendencia.

Sabemos por San Gerónimo, que los ángeles fueron creados muchos siglos antes que el mundo sensible y por consiguiente que el hombre, y algunos Santos Padres opinan que su caída acaeció inmediatamente después de su creación; pero, sea como fuere, y aun ateniéndonos a la opinión de Santo Tomás que se inclina a creer que su creación fue al mismo tiempo que la del mundo, si tenemos en cuenta que los instantes de la creación equivalen a siglos de los nuestros, aparte de lo pesado que se hace siempre el tiempo para quien padece, podrán ustedes imaginar el júbilo y algazara (si es que júbilo puede haber en la mansión de las penas eternas) que promovió en el infierno el arribo del celeste mensajero.

Graves autores aseguran que apenas conocida la noticia de tal bulto, se suscitó un altercado de los mil diablos sobre quien debía desempeñar la comisión de ir a tentar a Adán y Eva en el Paraíso; comisión que si bien no eximía al que se encargase de ella, ni por un momento, de la ley de expiación a que estaba sujeto, dando a lo menos nuevo curso a su actividad diabólica, le proporcionaba además, como ya he dicho, la ocasión de salir a tomar aires mejores por fuera, cosa que no dejaba de ser una ventaja.

Hablando en oro, a nadie menos que a Luzbel le correspondía este refrigerio. Sobre él, como promotor de la malhadada sedición, recaía la mayor responsabilidad de las consecuencias que otros sufrían. Los otros, al fin y al cabo, no habían hecho más que seguirle.

Muchos de aquellos ángeles renegados que habían actuado en la rebelión en primer término, se creían, como era natural, acreedores al primer cargo de consideración que se presentase en la carrera, como recompensa de los servicios prestados.

El conflicto, sin embargo, duró poco, gracias a que el interés común estaba fundado en el éxito de la empresa. Tratábase nada menos, que de reducir a la perdición a nuestros padres y con ellos a todos sus descendientes; es decir, de establecer, por medio del pecado, una especie de vía de comunicación, que poniéndolos en relaciones con la tierra, les proporcionase el entretenimiento de ver en adelante todos los días caras nuevas. ¡Lucidos estaban ellos si, a más de todos sus tormentos, se hubiesen quedado como ciudad sin ferrocarril, reducidos a la monotonía aterradora de la eternidad!

Al revés de lo que pasa entre nosotros, túvose, pues, en cuenta, ante todas las consideraciones, la de la competencia, y la delicada misión, fue confiada a Lucifer, el jefe; acordándose de que en caso de insuficiencia, llamaría en su auxilio a los principales corifeos o cabecillas del Infierno.

Arreglado así el personal diplomático ya me lo tienen ustedes al muy tunante, sonriendo con malicia, al disponer su equipaje de picardías para largarse por esos mundos de Dios con dirección al Paraíso.

Cuando llegó a él, lo primero que llamó su atención, a pocos pasos de la entrada, fue su propia figura retratada en una fuente cuyas aguas se deslizaban, puras y tranquilas sobre un lecho de césped, yendo a perderse bajo la sombra de una deliciosa enramada.

Desde aquellos sus buenos tiempos que no podía recordar sin un estremecimiento de horror por todo lo que después había pasado, era la primera vez que se miraba al espejo y al hacerlo, el pobre, quedó tristemente impresionado. En mucho rato apenas pudo recobrarse; tal era el sello de fealdad repugnante que su pecado, y las miles pellejería en que se viera, habían impreso en él. Pensó que, mal encarado y lleno de tiznes, como estaba, su aspecto era muy poco tranquilizador. Por bobos y confiados que Adán y Eva fuesen, iban de seguro, a tomarle, desde luego, por un mal sujeto, lo cual no convenía a sus planes.

Avanzó, pues, cautelosamente por detrás del follaje procurando no ser visto y alargando el pescuezo atisbo largo rato en todas direcciones. Pronto se convenció de que sus precauciones, por el momento, eran inútiles. El portador del permiso divino se había apresurado más de lo necesario; Adán y Eva no estaban aún en el Paraíso.

Indeciso como todo el que no sabe hasta qué hora ha de esperar, echóse a vagar por el espacio, y vagando y más vagando se encontró de repente en frente de un espectáculo inesperado que le dejó atónito y deslumbrado. En el sombrío horizonte de la eternidad se alzaba, imponente y grandioso, un pórtico de luz cuyos dinteles acababa de pisar. ¿A dónde conducía? ¡Oh dolor! ¡Oh profanación! El maldito aventurero, aprovechándose de la autorización de buscar al hombre en su origen y tentarle, había ido a dar sin saber cómo, con las puertas sacrosantas del laboratorio Augusto en que el Supremo Artífice elaboraba la obra estupenda con que quería coronar su creación.

¿He dicho laboratorio? perdóneseme esta expresión indigna de los objetos indefinibles a que me refiero. Incapaces de concebir nada más allá de nuestras facultades, hay en nuestra naturaleza tendencia inevitable a revestir lo desconocido, lo divino, de las formas humanas.

Como iba diciendo, el diablo, sin saber cómo, pisaba los dinteles del Sacro Recinto. El muy patudo, a pesar de su descaro, quedó de pronto un poco amedrentado de tamaño atrevimiento, pero poco a poco fue animándose a entrar. ¡Que feo vicio ha sido siempre la curiosidad!

Un incomprensible espectáculo se ofrecía a sus ojos en el interior del vasto recinto. A ambos lados de la entrada, un intrincado laberinto de extraños objetos se dilataba hasta perderse de vista. Los más sobresalientes eran unas como redomas transparentes que traslucían las substancias de distintas densidades y colores en ellas contenidas.

Vuelo a hacer uso de palabras cuyo significado es determinado y mezquino con relación a lo que quiero expresar. "Es el peligro de referirse a objetos de naturaleza inconcebible. Con razón ha dicho un filósofo que "el vocabulario humano, aplicado a la Divinidad, desentona a cada momento".

Estas redomas o depósitos, como ustedes me permiten llamarlas, vaciaban unas en otras su contenido, gracias a la disposición de su nivel respectivo, más o menos lentamente, por medio de una complicada red de conductos cuyas direcciones apenas se podían seguir con la vista.

El Diablo se adelantó receloso e indeciso por temor a ser sorprendido; pero luego pudo convencerse de que se hallaba completamente a solas, y cobró más atrevimiento. Colocando el pie en un extremo de la red de conductos de que he hablado, fue encaramándose poco a poco sobre la más elevada de las redomas que era la primera de la larga fila. En el fondo de ésta, limpia y transparente, brillaba una esencia celeste; más apenas osó comenzar a alzar su tapa, el condenado lanzó un terrible estornudo cayendo al suelo de bruces, como herido por un rayo. Bajo la augusta bóveda del Sagrado Recinto, el ambiente se había inundado de un aroma penetrante. Aroma desconocido, ¡ay! demasiado conocido para él. Debía contener algo de la esencia de los jardines del cielo, porque resucitó en él un pasado de felicidad suprema, y lejos de producirle una sensación agradable, le hería con el agudo aguijón del remordimiento. Después de este incidente asaz patético, el Diablo, tratando de recobrarse se levantó con el rabo entre piernas, rascándose detrás de las orejas. El chasco le empezó a dar más ganas de hacer una de las suyas, y volviendo siempre la cabeza a todos lados, por temor de una sorpresa, continuó su temeraria y sacrílega exploración. Algunos momentos después se había hecho cargo, hasta cierto punto del objeto de aquel inmenso aparato.

Un poco más debajo de la hermosa redoma, que había intentado destapar, se veía otra en la cual se vaciaban a un mismo tiempo y por dos lados opuestos dos substancias diferentes. Por un lado y por medio de un ancho tubo caía bruscamente en su interior un polvo obscuro y grosero por otro destilaba sobre este la esencia pura y celeste de la primera redoma, que empapándolo poco a poco, iba convirtiéndolo en masa pesada.

El Diablo que se había inclinado a examinarla se quedó pensativo.

Es de advertir que en ese entonces no poseía instrucción alguna; hoy mismo todos repetimos que más sabe por viejo que por diablo. Ni siquiera contaba con el empirismo de que ahora saca tanto partido. No entendía jota de ciencia. Si le hubiesen hablado de Sicología y Fisiología, y de los esfuerzos que algún día harían los sabios por determinar los límites respectivos de estas dos ciencias, se habría quedado en ayunas; pero la intuición clara y sencilla de las cosas divinas de sus tiempos de bienaventuranza, le dotaba de cierta perspicacia natural aguzada por su malicia y con esto tenía de sobra. El descubrimiento que acababa de hacer le dio en qué pensar; porque ya no abrigaba duda alguna respecto a la significación de lo que tenía delante.

– ¡Hola, hola!, -se dijo-: por lo visto, el barro de que va a ser amasado el muñeco no es un barrito de tres al cuarto como otro cualquiera, hecho con agua común. Aquí la materia grosera está empapada de esencia divina. Y se quedó muy preocupado.

–La naturaleza terrena penetrada de la naturaleza Divina, volvió a decirse, de modo que en el misterio de sus manifestaciones no pueda determinar sino a medias, los puntos de tan íntimo enlace. ¡El ángel y el bruto! El diablo, a fuerza de cavilar, se volvía elocuente.

La redoma del barro misterioso tenía un rótulo que en caracteres fuertemente grabados decía así;

*Instinto de conservación*

Esto es lo primero que arranca de las entrañas del ser humano, murmuró y continuó examinando con atención; no ya por mera curiosidad; se le había ocurrido una idea, lo importante que le era conocer de qué masa se hacía el adversario cuya voluntad iba a probar y contra el cual se preparaba en campaña.

El barro del instinto pasaba a una segunda redoma. El rabudo no había escarmentado y poniendo la garra en su tapa asomó a ella el hocico. Casi le salta a las narices. El instinto de conservación al pasar a esta redoma, había adquirido una notable fuerza expansiva. En un rótulo decía:

*Instinto de sociabilidad*

Pasó a examinar la redoma contigua en cuyo rótulo decía:

*Amor a los semejantes*

El Diablo frunció el ceño. ¿Por qué era que el barro del instinto se convertía en esta, en un líquido suave y transparente? Era necesario que tal transformación se debiese a un nuevo elemento. Se empinó cuanto pudo y examinó los alrededores - en frente de él y bastante lejos entre el laberinto se alzaba otra cuyo contenido venía a mezclarse gota por gota con el amor a los semejantes. -Avanzó poco a poco y subió hasta ella. Una especie de fluido, tenue, sutil, casi imponderable la llenaba. En su inscripción débilmente delineada se leía así:

*Sentido moral*

El rincón que ocupaba, rodeado de obscuridad misteriosa, era tan lejano que el Diablo tuvo miedo y retrocedió. Deseoso sin embargo de averiguar de qué fuente procedía aquel fluido se detuvo a observarlo y le parició que el conducto que lo traía se perdía en dirección de la esencia divina.

El Diablo bajó otra vez hasta la redoma del Amor a los Semejante, la cual repartía su contenido en nuevos depósitos. Uno de ellos, al ser destapado, despidió un perfume suave y vivificante, (no hay para qué repetir que estos olores no le producían buen efecto). Era la esencia del cariño a los semejantes condensada hasta un grado intensísimo. Se leía:

*Amor a la familia*

Dicha esencia, al pasar sucesivamente a otros dos depósitos contiguos, iba adquiriendo la fuerza expansiva que ya había tenido ocasión de notar. El primero se llamaba amor a la tribu y el segundo, mucho más grande:

*Amor a la patria*

En idas y venidas tuvo ocasión de hacer nuevas observaciones. Los tubos o conductos que, partiendo del primer instinto comunicaban unos depósitos con otros, llenaban letreros que decían: noción del tiempo, del espacio, del número, etc., etc..

Iba entendiendo cada vez mejor.

—Por lo visto, se dijo, las facultades del conocimiento (no dijo cognitivas porque no entendía de tecnicismos) se forman y desarrollan por el movimiento de la substancia al avanzar en los tubos. Estas nociones se juntaban más adelante en un obscuro depósito, cuyo rótulo, apenas legible, decía así:

*Sentimientos indefinibles*

A él iban a dar también otros lindos tubos transparentes en que se leía: noción de los bello, de lo bueno, de lo verdadero, etc., etc. Todo el contenido del misterioso depósito se vaciaba en un ancho tubo en que decía: Idea de Dios. Este se perdía en la semioscuridad hacia el lado de la hermosa redoma del sentido moral.

El Diablo se asustó un poco y retrocedió, cambiando de dirección. De pronto, entre el laberinto de redomas, vio una que se alzaba, radiante de luz, como un astro. Contenía un líquido tan puro, que parecía que hasta él no había llegado un átomo del fango primitivo. En su rótulo se leía esta hermosa palabra:

*Caridad*

Su principal elemento venía del amor a los semejantes, pero el sentido moral la enriquecía con nuevas combinaciones por medio de una intrincada red de conductos.

El Diablo extático al verla, se mostró luego desconcertado y poseído de visible mal humor. Había tomado el partido de marcharse, y quiso dirigirse hacia la puerta; pero era tal el enredo de tubos y redomas que le rodeaban, que le fue imposible hacerlo sin dar una gran vuelta. Al llegar a la puerta se detuvo junto al grupo de redomas que había examinado al entrar y desanimado y mohíno, se sentó junto a una de ellas.

– ¡Tanto aparato y tantas combinaciones y trabajo tan complicado, todo para concentrarlo en unas cuentas libras de substancia, en unos cuantas tejidos destinados a formar la armazón de un muñeco de barro!

–Esto se llama esmerarse, pensó para sí -esmerarse para burlarse de uno; ¡qué voy a conseguir contra un sujeto hecho de tales elementos!

Se hallaba tan desanimado, que, a no ser por la vergüenza de presentarse en derrota a sus compañeros, se habría largado en seguida a los infiernos.

– ¡Ah! ¡En dónde estaban los ángeles guardianes de la humanidad que no acertaron a presentarse en aquel momento sacando a puntapiés al condenado antes de que lo echara todo a perder! Pero Dios lo había permitido, sin lo cual nada hubiera sucedido.

La redoma a cuyo pie se había sentado era una, grande y hermosa, en cuyo rótulo se leía: Amor Propio. Ocupaba una posición central, notándose bien claramente que servía de base a multitud de combinaciones. En ella se vaciaban varios tubos que laborando el conocimiento en distintos grados, la enriquecían con su contingente. En aquel laberinto se hacía casi imposible determinar qué sentimiento o conocimiento nacía antes que otro, pero era indudable que todo aquel enredo tenía por punto de partida el instinto de conservación.

Cerca se veía un grupo de redomas vacías aún, limpias y transparentes. ¡Quién puede decir a qué nuevas admirables combinaciones estaba destinadas! ¡Oh, momento fatal! El Diablo tuvo la maldita ocurrencia de servirse de una de ellas para un examen más prolijo. - Fijo la vista en una y cogiéndola por sus asas, la sumergió toda en la redoma del amor propio hasta llenarla; pero al levantarla en alto, el fuerte sacudimiento que agitó su contenido lo enturbió repentinamente. El líquido presentó al punto aspecto diferente. Fatalmente había ido a dar con la substancia más susceptible de alteraciones. El maldito se puso en observación. Una violenta sacudida al amor propio podía ser fecunda en resultados.

–Lo que se ha producido aquí, se dijo, es obra mía. Y colocando la redoma en el suelo la miró por todos lados.

–Esto es mío, sí, mío, murmuró, animándose por grados. Y proponiéndose hacer algunos otros experimentos, pasó a examinar otra redoma próxima. En el interior de ésta, el amor propio, combinado con elementos más suaves, aparecía notablemente purificado. En su rótulo se leía:

*Dignidad*

Cada vez más osado, probó a cerrar las llaves de los conductos de los elementos que contribuían a formar este compuesto, dejando sólo abierto el del amor propio. Al momento, la rodoma de la dignidad sufrió perturbación visible. Con toda impavidez cogió otra redoma vacía y la introdujo en la primera llenándola de su líquido visiblemente alterado por el exceso de dignidad que se había producido en ella. Luego la puso en el suelo y se enderezó hinchado de satisfacción.

Aquel desvío de la dignidad, que el Diablo acababa de inventar, era el Orgullo.

Luego tapó el último conducto que comunicaba con la dignidad dejándola completamente aislada. De su líquido así estancado, llenó una tercera redoma que empezó a exhalar un olorcillo a podrido nada agradable al olfato. Aquello era el Egoísmo.

Volvió a poner la dignidad en comunicación con los tubos que había cerrado, y cada vez más animado, llenó de ella una tercera vasija, en la cual no sabiendo qué más hacer, se le ocurrió meter el dedo para probar con la lengua. Esta vez sí, que se produjo en la dignidad una verdadera combinación química. Adquirió un color subido y un olorcito acre y picante de los mil demonios.

Aquello era la Soberbia. El Diablo abrió tamaño ojo.

Ya he dicho que no entendía jota de ciencia. Después se metió a alquimista, como sabemos, pero para eso debían pasar muchos siglos, por lo que hace a la ciencia, nunca ha sabido palabra y menos aún entonces. No entendía de afinidad electiva ni del principio químico de que, de la composición de dos substancias resulta una tercera cuyas propiedades son completamente opuestas a las de cada una de las componentes; pero, a pesar de su ignorancia, comprendió al punto que la transformación producida en la última redoma, era debida al contado de su propia substancia, y tomó nota de este descubrimiento.

Estaba entusiasmado, le dio ganas de meter la mano al bolsillo para sacar un cigarrillo y fumarlo mientras hacía una pausa, pero como no se había descubierto todavía el tabaco, tuvo que contentarse con frotarse las manos con satisfacción.

En seguida se puso a trasegar vasijas unas en otras, a probar, a combinar, y por último, no sabiendo que más inventar, tomó una redoma vacía, la más grande, mezcló en ella todas sus combinaciones y después de observarla y examinarla cien veces, acabó por lavarse en ella las manos; de lo cual resultó un menjurje detestable de un hedor endiablado.

El inventor, después de oler y paladearlo, se cuadró con aire de importancia, y, de puro gusto, empezó a atusarse las cerdas del bigote. No había visto, olido, ni probado cosa que fuera más de su gusto.

Aquella inmundicia que apestaba era la Vanidad.

Después de esto pasó a examinar un nuevo grupo de redomas. Había perdido toda timidez y procedía con la misma impavidez que si se hallase en su propia casa.

Pero, sería largo seguir relatando minuciosamente sus fechorías, bástame decir que, cada vez más engolosinado en ellas, sirviéndose de los menjurjes que su malicia había inventado, fue de vasija en vasija alterándolo y transformándolo todo. Metió las manos, sucias de vanidad, en la noble

Emulación y resultó la envidia; - agregó egoísmo al legítimo instinto de la Posesión y se produjo la Codicia. - escupió en el Amor a los semejantes y se hizo el Odio, etc., etc.

Cerca de la emulación se detuvo al fin. Era para contemplar una redoma que veía por la primera vez; aún más limpia y hermosa que la de la Caridad, de la cual procedía. Era la esencia de la caridad sublimada a tal punto, que, aun a través de la tapa, esparcía un perfume embriagador. En su rótulo estaban grabadas estas hermosas palabras:

*Abnegación. - sacrificio. - heroísmo*

El Diablo no se atrevió a tocarla.

De repente, al dirigir la vista hacia un lado, se quedó deslumbrado. En medio de aquel laberinto de tubos y redomas, acababa de descubrir un objeto colosal, maravilloso, espléndido. Una redoma, la más grande, la más hermosa de todas las que hasta entonces había visto. Paso a paso, sobrecogido de admiración se aproximó a ella.

En su interior, con abrillantados y múltiples reflejos, bullía un licor delicioso.

Desde el primer instinto de conservación hasta la esencia de la abnegación que la enriquecía abundantemente, apenas había substancia que no fuese a afluir en esta redoma que era como el corazón del complicado mecanismo. Si apenas, hasta aquel punto había hallado una substancia que pudiera considerarse simple, esta era la más compuesta de todas. Era el agregado inmenso en que todas, o casi todas se mezclaban. Sus efectos debían ser los más complejos, y por consiguiente, los más poderosos.

El Diablo la contemplaba alelado; pero luego tuvo la audacia de encaramarse sobre ella y mover la tapa. Al instante, en el olor vivificante que se escapó de adentro, creyó descubrir el principal de sus elementos.

–Aquí hay algo del fluido misterioso, alma de los mundos, de que su Divina Majestad se sirvió para ensalzarlos y equilibrar sus movimientos al lanzarlos en el espacio –se dijo en tono concienzudo; y bajando hasta el suelo, la contempló otra vez con asombro haciendo visajes.

En su lujoso rótulo se leía está sola palabra:

*Amor*

–Esto no puede quedar así, se dijo el Patudo de mal humor.

–Es preciso alterar su pureza por algún medio; de otro modo, no habría negocio.

Y volviendo hasta el sitio en donde había dejado los menjurjes de su invención, hizo con ellos una sucia argamasa, mezcla de egoísmo, de orgullo, de codicia y otras impurezas, y lo deslió todo en una redoma llena de vanidad. Alzando ésta luego a pulso, fue a echarla íntegra en la hermosa redoma del amor.

El delicioso néctar se enturbió al instante de un modo lastimoso; aunque después, poco a poco, fue recobrando aparentemente transparencia.

–Ya no hay cuidado, exclamó entonces el Diablo con aplomo infernal, ya podemos divertirnos. No habrá un solo átomo de amor en que no vaya mezclado algo de lo mío.

Lo que el Diablo acababa de hacer en la hermosa redoma, era un como si dijéramos, pervaniduro de amor - o sea, el compuesto más cargado de vanidad de todos los inventados.

Hecho esto, la pareció que había hecho lo bastante, y para concluir, fue vertiendo una cantidad del correspondiente de cada uno de los vicios que había inventado, en cada uno de los sentimientos que le había servido de origen; de modo que éstos, al repartirse en otros derivados, arrastrasen en sí el mal germen que había sido depositado en su fondo.

En seguida colocó seguidamente las redomas vacías en el sitio en que las había encontrado a la entrada, y dejándolo todo, aparentemente tal como estaba, se disponía a largarse afuera cuando, al echar una última ojeada a su alrededor, se fijó en una región que dejaba sin explorar, y se dirigió a examinarla.

Allí halló un grupo de redomas más frágiles y delicadas.

Dos le llamaron, desde luego, la atención por su belleza. Una era azul y esparcía un suave olor a violetas. En su rótulo se leía: Modestia. En el de la otra, que contenía una bellísima esencia sonrosada, decía: Pudor. Esta última iba a vaciarse por un ancho tubo, en la gran redoma del amor.

El condenado, incansable en sus experimentos, se fue otra vez hasta donde estaban las redomas vacías. Tomó una, en la que había quedado una borra de inmundicias, en la que predominaban la Ambición y el Interés Propio y volviendo hasta la modestia, la colocó junto a ésta; en seguida a falta de otra vasija y queriendo acabar pronto, se sacó el chambergo y sumergiéndolo en la redoma azul, echó modestia en la sucia vasija, agregando en seguida algo de pudor; y arremangándose la chaqueta, metió en ella el brazo negro y velludo y se puso a menear con ímpetu infernal y esperó luego a que el líquido reposara.

Por una rara particularidad, esta última mezcla conservó la agradable apariencia de la modestia; lo cual bastó para que el Diablo, cambiando de fisonomía, se pusiese al instante en seria observación. Parecía que se le había ocurrido alguna idea brillante, porque sus ojos, fosforescentes y horribles, se iluminaron de alegría infernal. Metió otra vez la garra en el líquido, y lo olió y observó con el creciente interés de quien quiere convencerse de una sospecha.

– ¡Eureka! Exclamó de repente, me parece que esto era lo que necesitaba.

Y dueño al parecer del secreto de este último compuesto, pasó a un nuevo procedimiento. La substancia de cada una de las redomas en que había echado algo de lo suyo, había cambiado de aspecto; es decir, que por muy soluble que cada vicio fuese en la virtud correspondiente, sin necesidad de agentes ni reactivos, se descubría la alteración o transformación que ésta había sufrido, cosa que no podía menos de inquietarle sirviéndose del chambergo, fue echando, en cada una de ellas, un poco del compuesto últimamente inventado y todas recobraron su primitiva apariencia.

Con este último descubrimiento, que dejaba ocultas sus anteriores fechorías, quedaba sellada su obra.

Volvió hasta el depósito que había dejado junto a la Modestia. Hacía piruetas y visajes horribles de alegría. Parecía un loco.

– ¡Muchachos! Exclamó a media voz. Ya podemos entrar en campaña. ¡Qué demonio! con todos los malos gérmenes que yo había puesto en la organización del sujeto, no las tenía todas conmigo. Pero ahora, ya es otra cosa; ya no se trata de luchar frente a frente ni a cara descubierta.

– ¡Ya estoy viendo lo que va a suceder! ¿Alguno quiere combatirnos? ¿Alguno se levanta del nivel de la muchedumbre? ¡Abajo en nombre de la verdad! ¡Abajo en nombre de la Patria! ¡Abajo en nombre de Dios!

Se había subido sobre la redoma y peroraba a más que mejor como si tuviera delante una legión de demonios.

El Diablo tenía razón para estar tan contento. Sin el último de sus descubrimientos todos sus manejos habrían resultado inútiles. Proclamar el mal en nombre del mal, hubiera sido una gran chambonada. En adelante, más crímenes se cometerán en nombre de Dios que en el del Diablo.

Los que acababa de descubrir era la Hipocresía.

Por fin, repuesto de su acceso de alegría, mirando a todos lados por si alguien le había oído, se bajó, y dando por terminada su obra, se encorvó sobre la hipocresía y se lavó con ella la cara.

Al instante adquirió la apariencia de una serpiente.

Estaba aún más horrible con aquella careta.

–Ahora vamos a acechar desde la sombra, dijo, frotándose las manos con alegría tan diabólica, que al frotarse produjo una llamarada.

– ¿Quién ha encendido luz en el laboratorio? Se preguntaron dos ángeles que a la sazón pasaban por ahí cerca; y acudieron a ver lo que ocurría; pero cuando ellos entraron, todo estaba al parecer en su lugar. -No encontraron de nuevo más que un pronunciado olor a azufre, y un bulto negro, especie de murciélago que pugnaba por escapar por una de las ventanas.

# Justicia índia

*Ricardo Jaimes Freyre*

Los dos viajeros bebían el último trago de vino, de pie al lado de la hoguera. La brisa fría de la mañana hacía temblar ligeramente las alas de sus anchos sombreros de fieltro. El fuego palidecía ya bajo la luz indecisa y blanquecina de la aurora; se esclarecían vagamente los extremos del ancho patio, y se trazaban sobre las sombras del fondo las pesadas columnas de barro que sostenían el techo de paja y cañas.

Atados a una argolla de hierro fija en una de las columnas, dos caballos completamente enjaezados esperaban, con la cabeza baja, masticando con dificultad largas briznas de hierba. Al lado del muro, un indio joven, en cuclillas, con una bolsa llena de maíz en una mano, hacía saltar hasta su boca los granos amarillentos.

Cuando los viajeros se disponían a partir, otros dos indios se presentaron en el enorme portón rústico. Levantaron una de las gruesas vigas que, incrustadas en los muros, cerraban el paso y penetraron en el vasto patio.

Su aspecto era humilde y miserable, y más miserable y humilde lo tornaban las chaquetas desgarradas, las burdas camisas abiertas sobre el pecho, las cintas de cuero, llenas de nudos, de las sandalias.

Se aproximaron lentamente a los viajeros que saltaban ya sobre sus caballos, mientras el guía indio ajustaba a su cintura la bolsa de maíz, y anudaba fuertemente en torno de sus piernas los lazos de sus sandalias.

Los viajeros eran jóvenes aún; alto el uno, muy blanco, de mirada fría y dura; el otro, pequeño, moreno, de aspecto alegre.

—Señor... —murmuró uno de los indios. El viajero blanco se volvió a él.

—Hola, ¿qué hay, Tomás?

–Señor... déjame mi caballo...

–¡Otra vez, imbécil! ¿Quieres que viaje a pie? Te he dado en cambio el mío, ya es bastante.

–Pero tu caballo está muerto.

–Sin duda está muerto; pero es porque le he hecho correr quince horas seguidas. ¡Ha sido un gran caballo! El tuyo no vale nada. ¿Crees tú que soportará muchas horas?

–Yo vendí mis llamas para comprar ese caballo para la fiesta de San Juan... Además, señor, tú has quemado mi choza.

–Cierto, porque viniste a incomodarme con tus lloriqueos. Yo te arrojé un tizón a la cabeza para que te marcharas, y tú desviaste la cara y el tizón fue a caer en un montón de paja. No tengo la culpa. Debiste recibir con respeto mi tizón. ¿Y tú, qué quieres, Pedro? –preguntó, dirigiéndose al otro indio.

–Vengo a suplicarte, señor, que no me quites mis tierras. Son mías. Yo las he sembrado.

–Este es asunto tuyo, Córdova –dijo el caballero, dirigiéndose a su acompañante.

–No, por cierto, este no es asunto mío. Yo he hecho lo que me encomendaron. Tú, Pedro Quispe, no eres dueño de esas tierras. ¿Dónde están tus títulos? Es decir, ¿dónde están tus papeles?

–Yo no tengo papeles, señor. Mi padre tampoco tenía papeles, y el padre de mi padre no los conocía. Y nadie ha querido quitarnos las tierras. Tú quieres darlas a otro. Yo no te he hecho ningún mal.

–¿Tienes guardada en alguna parte una bolsa llena de monedas? Dame la bolsa y te dejo las tierras.

Pedro dirigió a Córdova una mirada de angustia.

–Yo no tengo monedas, ni podría juntar tanto dinero,

–Entonces, no hay nada más que hablar. Déjame en paz.

—Págame, pues, lo que me debes.

—¡Pero no vamos a concluir nunca! ¿Me crees bastante idiota para pagarte una oveja y algunas gallinas que me has dado? ¿Imaginaste que íbamos a morir de hambre?

El viajero blanco, que empezaba a impacientarse, exclamó:

—Si seguimos escuchando a estos dos imbéciles, nos quedamos aquí eternamente...

La cima de la montaña, en el flanco de la cual se apoyaba el amplio y rústico albergue, comenzaba a brillar herida por los primeros rayos del sol. La estrecha aridez se iluminaba lentamente y la desolada aridez del paisaje, limitado de cerca por las sierras negruzcas, se destacaba bajo el azul del cielo, cortado a trechos por las nubes plomizas que huían.

Córdova hizo una señal al guía, que se dirigió hacia el portón. Detrás de él salieron los dos caballeros.

Pedro Quispe se precipitó hacia ellos y asió las riendas de uno de los caballos. Un latigazo en el rostro lo hizo retroceder. Entonces, los dos indios salieron del patio, corriendo velozmente hacia una colina próxima, treparon por ella con la rapidez y seguridad de las vicuñas, y al llegar a la cumbre tendieron la vista en torno suyo.

Pedro Quispe aproximó a sus labios el cuerno que llevaba colgado a su espalda y arrancó de él un son grave y prolongado. Detúvose un momento y prosiguió después con notas estridentes y rápidas.

Los viajeros comenzaban a subir por el flanco de la montaña; el guía, con paso seguro y firme, marchaba indiferente, devorando sus granos de maíz. Cuando resonó la voz de la bocina, el indio se detuvo, miró azorado a los dos caballeros y emprendió rapidísima carrera por una vereda abierta en los cerros. Breves instantes después, desaparecía a lo lejos.

Córdova, dirigiéndose a su compañero, exclamó:

–Álvarez, esos bribones nos quitan nuestro guía.

Álvarez detuvo su caballo y miró con inquietud en todas direcciones.

–El guía... ¿Y para qué lo necesitamos? Temo algo peor.

La bocina seguía resonando, y en lo alto del cerro la figura de Pedro Quispe se dibujaba en el fondo azul, sobre la rojiza desnudez de las cimas.

Diríase que por las cuchillas y por las encrucijadas pasaba un conjuro; detrás de los grandes hacinamientos de pasto, entre los pajonales bravíos y las agrias malezas, bajo los anchos toldos de lona de los campamentos, en las puertas de las chozas y en la cumbre de los montes lejanos, veíanse surgir y desaparecer rápidamente figuras humanas. Deteníanse un instante, dirigían sus miradas hacia la colina en la cual Pedro Quispe arrancaba incesantes sones a su bocina, y se arrastraban después por los cerros, trepando cautelosamente.

Álvarez y Córdova seguían ascendiendo por la montaña; sus caballos jadeaban entre las asperezas rocallosas, por el estrechísimo sendero, y los dos caballeros, hondamente preocupados, se dejaban llevar en silencio.

De pronto, una piedra enorme, desprendida de la cima de las sierras, pasó cerca de ellos, con un largo rugido; después otra... otra...

Álvarez lanzó su caballo a escape, obligándolo a flanquear la montaña. Córdova lo imitó inmediatamente; pero los peñascos los persiguieron. Parecía que se desmoronaba la cordillera. Los caballos, lanzados como una tempestad, saltaban sobre las rocas, apoyaban milagrosamente sus cascos en los picos salientes y vacilaban en el espacio, a enorme altura.

En breve las montañas se coronaron de indios. Los caballeros se precipitaron entonces hacia la angosta garganta que serpenteaba a sus pies, por la cual corría dulcemente un hilo de agua, delgado y cristalino.

Se poblaron las hondonadas de extrañas armonías; el son bronco y desapacible de los cuernos brotaba de todas partes, y en el extremo del desfiladero, sobre la claridad radiante que abría dos montañas, se irguió de pronto un grupo de hombres.

En este momento, una piedra enorme chocó contra el caballo de Álvarez; se le vio vacilar un instante y caer luego y rodar por la falda de la montaña. Córdova saltó a tierra y empezó a arrastrarse hacia el punto en que se veía el grupo polvoroso del caballo y del caballero.

Los indios comenzaron a bajar de las cimas: de las grietas y de los recodos salían uno a uno, avanzando cuidadosamente, deteniéndose a cada instante con la mirada observadora en el fondo de la quebrada. Cuando llegaron a la orilla del arroyo, divisaron a los dos viajeros. Álvarez, tendido en tierra, estaba inerte. A su lado, su compañero, de pie, con los brazos cruzados, en la desesperación de la impotencia, seguía fijamente el descenso lento y temeroso de los indios.

En una pequeña planicie ondulada, formada por las depresiones de las sierras que la limitan en sus cuatro extremos con cuatro anchas crestas, esperaban reunidos los viejos y las mujeres el resultado de la caza del hombre. Las indias, con sus cortas faldas redondas, de telas groseras, sus mantos sobre el pecho, sus monteras resplandecientes, sus trenzas ásperas que caían sobre las espaldas, sus pies desnudos, se agrupaban en un extremo silenciosas, y se veía entre sus dedos la danza vertiginosa del huso y el devanador.

Cuando llegaron los perseguidores, traían atados sobre los caballos a los viajeros. Avanzaron hasta el centro de la explanada, y allí los arrojaron en tierra, como dos fardos. Las mujeres se aproximaron entonces y los miraron con curiosidad, sin dejar de hilar, hablando en voz baja.

Los indios deliberaron un momento. Después un grupo se precipitó hacia el pie de la montaña. Regresó conduciendo dos grandes cántaros y dos grandes vigas. Y mientras unos excavaban la tierra para fijar las vigas, los otros llenaban con el licor de los cántaros pequeños jarros de barro.

Y bebieron hasta que empezó el sol a caer sobre el horizonte, y no se oía sino el rumor de las conversaciones apagadas de las mujeres y el ruido del líquido que caía dentro de los jarros al levantarse los cántaros.

Pedro y Tomás se apoderaron de los cuerpos de los caballeros y los ataron a los postes. Álvarez, que tenía roto el espinazo, lanzó un largo gemido. Los dos indios los desnudaron, arrojando lejos de sí, una por una, todas sus prendas. Y las mujeres contemplaban admiradas los cuerpos blancos.

Después empezó el suplicio. Pedro Quispe arrancó la lengua a Córdova y le quemó los ojos. Tomás llenó de pequeñas heridas, con un cuchillo, el cuerpo de Álvarez. Luego vinieron los demás indios y les arrancaron los cabellos y los apedrearon y les clavaron astillas en las heridas. Una india joven vertió, riendo, un gran jarro de chicha sobre la cabeza de Álvarez.

Moría la tarde. Los dos viajeros habían entregado, mucho tiempo hacía, su alma al Gran Justiciero; y los indios, fatigados, hastiados ya, indiferentes seguían hiriendo y lacerando los cuerpos.

Luego fue preciso jurar el silencio. Pedro Quispe trazó una cruz en el suelo, y vinieron los hombres y las mujeres y besaron la cruz. Después desprendió de su cuello el rosario, que no lo abandonaba nunca, y los indios juraron sobre él, y escupió en la tierra, y los indios pasaron sobre la tierra húmeda.

Cuando los despojos ensangrentados desaparecieron y se borraron las últimas huellas de la escena que acababa de desarrollarse en las asperezas de la altiplanicie, la inmensa noche caía sobre la soledad de las montañas.

# Venganza aymara

*Alcides Arguedas*

Inclinó la cabeza, de un golpe se encajó el sombrero hasta la nuca y, a grandes zancadas, se apartó del grupo sin saludar, hosco, sombrío. Así, siempre con la cabeza gacha como un toro bajo su yugo, llegó a su casa, que estaba en la cuesta de Coscochaca, y entrando en su habitación, adornada con estampas de color que representaban los episodios de la guerra franco-alemana, tumbóse en el lecho, y hundiendo el rostro en la mugrienta almohada, lloró largo rato, silenciosa, calladamente, con hipos menudos.

Eso ya no tiene remedio posible. Las palabras de Clotilde habían sido contundentes: "Seré no más tu amiga, pero no tu mujer...". ¡Cristo! ¡Eso sí que no! Él la había conocido antes, de mocosa, cuando con los pies desnudos iban a buscar agua a la pila de Challapampa, deteniéndose en el cenizal para arrojar piedras a los cerdos que hociqueaban la basura del río. Juntos aprendieron a leer en la escuela, aunque después, el ningún ejercicio y los rudos afanes de la vida les hicieron olvidar lo aprendido. Y en tanto que él, Juanillo, se fuera a la herrería de su padre a tirar del fuelle y a achicharrarse las carnes con las salpicaduras de hierro candente batido en el yunque, ella se había metido a servir en la casa de un ricachón, donde conociera al Chungara, mozo del hotel unas veces, cochero otras, vago las más. Que era elegante el Chungara y tenía mejor cara que él, sí, cierto; pero, ¡caramba!, era un mozo no más, y él había heredado el taller de su padre, allí, en medio de la ciudad, en los abajos de la Catedral, y ya era patrono... Todas las curiosidades salían de sus manos: herrajes, chapas, rejas de sepulcros, llaves, candados. Entre sus clientes estaba nada menos que el presidente de la República, a cuyos caballos ponía herrajes. ¿Es que acaso con sus economías y ahorros no había comprado esta su casita de dos pisos con jardín y corral? ¡Claro! Y si él quisiera y le apurasen aún podía comprar una finca, porque allí, donde él solito sabía, muy oculto, guardaba íntegro el legado de su madre: anillos con diamantes, orejeras guarnecidas de perlas, pendientes, cadenas, topos. ¿Fuerzas? Ya sus enemigos podían atestiguar que las tenía de sobra, acaso demasiadas, y ya una vez estuvo a punto de ir a la cárcel por haber intentado, en una jarana y por apuesta, alzar de golpe cinco hombres juntos: uno de ellos había rodado con las costillas hundidas. ¡Claro! No en balde se llega a los 30 años habiendo batido 15 el hierro. Todo tenía el Juanillo menos suerte para enamorarse. ¡Pucha con su cara fea! Y una vez lo barrió la Supaya, mas eso no le hizo mella: la conocía fácil y tornadiza y la habría matado a puntapiés.

Otra vez, Candelaria, su novia, se casó con el rival, en tanto que él peregrinaba en romería por Copacabana. Tampoco le hizo mella: Candelaria tenía un hijo de un ricachón de la ciudad, y no debía ser bueno dar cariño a hijos que no son de propia hechura. Es en Clota que pensaba siempre, en Clota, la china que él vio crecer, desarrollarse y llegar a hembra garrida, fuerte. Tenía no solo inclinaciones por ella, sino derecho legítimo, porque la muy bribona le había prometido casarse con él desde mocosa y antes de que conociese al Chungara, y solo después. ¡Dios!, eso sí que no lo permitiría jamás: ¡primero los degollaría a los dos y después él se mataría!. Robar, mentir, clavar una puñalada cuando se tiene cólera, romperle por detrás los pulmones a un enemigo, jurar en falso. bueno, pase, pero no hay que jugar con el corazón, ¡con el corazón!, solo lo que nos hace alegres, que lo feo vuelve bonito, dulce lo amargo, bueno lo malo. El corazón es cosa de no jugar; es como las andas de la Virgen de Asunta, lo solo santo. Además.

Aquí se cortaron las meditaciones de Juanillo. Algo tumultuoso y extraño sintió dentro de su ser, un deseo impreciso de llorar o hacer llorar. Se levantó de un salto del lecho, restregóse los ojos y fijándolos en la pared, donde había clavado un cuchillo mohoso, púsose a pasear la reducida estancia. Las manos le ardían, le hormigueaban, y sentía vehementes ansias de calmarlas con el frío de un acero. Quería estrujar, hundir las uñas en la carne palpitante, matar. Su injerta sangre de indio esclavo rebullía tumultuosa dentro de sus venas. Y la idea de la venganza, una sorda idea de hacer daño, cometer una fea acción, se le había clavado fijamente en la conciencia.

Ella era su todo; nada conocía sino el amor... ¡Y se lo quitaban!... ¿Por qué? ¡Nada!, porque el otro era más bonito y tenía mejor cara. ¿Por eso solo le daba derecho a quitársela? ¡Eso sí que no! Se tiene derecho sobre lo que no se encuentra de balde; por eso la Clota era de él solito; de él, que la había conocido de pequeña, criado, mimado. ¡No, por Dios! Iría donde el Chungara, le hablaría de a buenas no más para que no se enoje, la haría ceder, y si no. ¡Cristo! ¡Correría la sangre!. ¡La vida! ¿Para qué sin ella? Arrancó el cuchillo de la pared, embozóse su chal de vicuña al cuello y. ¡a la calle!, ¡a casa del rival!

Le encontró a poco de andar, en la puerta de una chichería, al pie mismo de un foco de luz eléctrica. Le llamó:

—Oí, Chungara; tengo que hablarte dos palabritas.

Su voz, ruda y áspera, temblaba. Chungara se le acercó sonriendo, mas no sin cierta inquietud. ¡Vaya con el color de la cara del tipo! ¡Si parecía que tuviera tercianas!

—¿Qué quieres? Habla pronto, che; m'espera la Clota.

—¿La Clota? Bueno; ¡d'eso venía a'blarte! ¿La quieres endeveras?

—¡Yáaaa, el tipo, che! ¿Acaso no sabes que me caso pa la Asunta?

A Juanillo le dio un vuelco el corazón. ¡Santo! ¡Y cómo apretó la empuñadura de su cuchillo, fuertemente cogido dentro del bolsillo!

—¿Conque la quieres endeveras, che? ¡Bueno! Pues yo también la quiero. ¿Sabés?

Chungara retrocedió un paso, temeroso: había visto pasar por los ojos de su rival un fulgor extraño y, ¡pucha!, había que andar con cuidado con Juanillo, a quien fácilmente le subía la sangre a la cabeza. Además, francamente él no tenía confianza en el cariño de Clota. La notaba esquiva, y aun desdeñosa, y no eran sus intenciones casarse con ella, solicitado como se veía por gente que valía muchísimo más que la Clota. Ni aun condescendiente era ahora con él. Antes, por lo menos, consentía en bajar a la puerta de la calle cuando todo el mundo dormía en casa de sus patronos, y convesaban largo rato hasta coger frío en los huesos, pero desde hacía algún tiempo no solo no acudía a ninguna cita, sino que evitaba encontrarse a solas con él y jamás le decía nada de su próximo matrimonio, del que le parecía todos los días más alejada.

—No sé, pero yo la quiero. ¿Te recuerdas de tu madre? Pues yo la quiero más a la Clota. Por ella ya he olvidado reunirme con los compinches, y mis ayudantes me dicen que me parezco a un animal enfermo y que perdió la color, que no me río y que debo tener malos pensares... Ella es mi vida, mi corazón, mis brazos, mi todo. ¿Sabés? El otro día la'e visto rezando ante la mamita de la Asunta, en la iglesia de Churubamba y. endeveras te juro, che, Chungara, me'a parecio más mejor, más linda qu'ella.

–¡No hables así, che! -le interrumpió el Chungara, asustado por la blasfemia.

–¡Sí, che! -insistió Juanillo, con convicción exaltada-. Sí, che; ¡más linda y más buena!. La quiero pa' toda la vida, y. ¡Oí, Chungara!, no me la quites, porque si no., ¡te mataría! -sollozó Juanillo con el pecho palpitante y apretando fuertemente su arma hasta incrustarse las uñas en la palma de la nerviosa mano.

Se atemorizó el Chungara, mas no quiso que creyera que le tenía miedo. Repuso con voz insegura:

–Mátame, che, pero yo también la quiero.

Un estremecimiento sacudió el cuerpo de Juanillo. Y con voz humilde volvió a rogarle, cogiendo a Chungara amigablemente por el brazo:

–Mira, Chungara, q'estoy resuelto a todo. No me tientes, che; me dolería el corazón si te hiciera algo, porque eres mi amigo. Te juro (besando la cruz de la mano), te juro por la mamita de Copacabana qu'a de suceder una desgracia. Anoche he soñado con toros, ya sabes q'eso quiere decir sangre, y esta mañana ha salido, volando, un taparacu (mariposa negra) de la tienda; ya sabes que dice muerte. Dejáme la Clota, Chungara, y seremos amigos más bien. Vos puedes tropezar con otra más mejor y más bonita; ya sabes que hay otras más mejores y más bonitas que la Clota; vos tienes buena cara, vistes bien, eres fuerte, y yo solo me ocupo de trabajar y dar de comer a mis güerfanitos y no quiero más que a ella... Dámela, Chungara, y te juro que haiga o no haiga suerte en mi vida, siempre te quedré y te respetaré, mientras que si me la quitas, puede que todos seamos desgraciados. Mírame bien, Chungara;

aquí, a la luz; estoy llorando, y ya sabes que las lágrimas de un hombre son kenchas y traen desgracia. Déjame ser feliz con la Clota y oí mi consejo: no te cases con ella. Vos seguramente has de ser munícipe y diputao dispués, y entonces puede que te dé vergüenza la Clota, qu'a servido en las casas. Además, francamente, che, Chungara, yo creo que tampoco te quiere la Clota. Así me lo'a dicho endenantes.

El Chungara se sintió herido en lo más hondo de su orgullo, y habría cedido si el otro hubiese continuado rogándole con ese tono amigable y sin hacer mención de su fracaso, pero aulló su vanidad de buen mozo acostumbrado a los triunfos mujeriles y a las galantes conquistas de gentes superiores en rango a la sirvienta. Y la idea de ver proclamada por el rival la vergüenza de un rechazo mortificó su amor propio y repuso con arrogancia y desplante:

—¿No me quiere? Mientes, che. Es a vos que no te quiere esa cochina, y si ahura hablando que no me quiere, es porque yo lai despreciao. Es ropa vieja...

—¿Endeveras dices, che, Chungara? -preguntó, temblando, Juanillo.

—Endeveras.

Juanillo levantó la mano y una centella se vio surgir de ella, rápida y fugaz.

—¡Pues toma!.

Fue un golpe brutal, salvaje. La hoja penetró hasta el cabo en el pecho del Chungara, que al caer se asió a las ropas de Juanillo y dio con él en el suelo. Una mujer que pasaba, único testigo del golpe, dio un grito horrible. Corrieron algunos curiosos y separaron a viva fuerza a los dos hombres, que se revolcaban por tierra. Juanillo se puso en pie sin bufanda y sin sombrero. El Chungara quiso hacer lo mismo y solo alcanzó a poner una rodilla en tierra y a erguirse sobre sus piernas dobladas. Y, mirando con los ojos desorbitados a su agresor, pudo articular, en medio de dos borbotones de sangre negra que se le escapaban por la boca, señalando a su asesino:

–¡Ese., ese me'amatao., ese!

Le vino otra bocanada de sangre negra y cayó de bruces al suelo.

Juanillo quiso huir, pero media docena de brazos le detuvieron. Algunos transeúntes, viendo que el hombre que yacía en el suelo se retorcía en los hipos de la agonía, levantaron los brazos, indignados, contra Juanillo. Entonces este, inclinando humildemente la cabeza, los ojos ahogados en terror y la voz temblona, dijo:

–Sí, ¡yo lo he matao! La Clota me'a dicho que lo mate. ¡La perra!

# La hija del cura

*Julio Lucas Jaimes*

Pues, como suena; oíd el caso.

Hay un pueblo escondido allá entre las profundas arrugas de los Andes.

Dulcificada la fiereza en las cadenas de las altas sierras, sucédense en serie interminable las redondas colinas y se abren y serpentean los valles y las quebradas, fértiles hasta lo umbroso del bosque los unos, áridas, sedientas hasta la desolación del páramo, las otras.

En lo más hondo de uno de aquellos, ronca el torrente debajo de los brezos de raíces fornidas y flores de púrpura.

Orlan sus bordes los matorrales coposos, los amiantos floridos: blancos, carmesíes, amarillos, morados que se columpian hacia el abismo como empeñados en enlazar sus ramas en la opuesta orilla con las espadañas puntiagudas, los mastranzos aromosos, y las ingratas ortigas verde esmeralda, sembradas de rojo como salpicadas de sangre siempre fresca.

Las gomosas acacias de frutos colgantes como racimos, las lianas enredadoras, las velludas calabaceras arrastrándose, ligándose, cruzando de un extremo a otro, forman como una bóveda tupida al cauce torrentoso, cuyas aguas bulliciosas se creerían negras, obscuras, gredosas, si después de algunos giros y revueltas en torno de las colinas, no salieran al llano límpidas, puras, cristalinas, frescas.

Sobre los picos, sobre las faldas, en los declives, en las eminencias y en los rellanos, surgen en pintoresco desorden las casas de techumbre pajiza como en danza continua, subiendo y bajando entre cercos de matorrales espontáneos y cactus gigantescos.

Los tablones de sembradío ondean reluciendo al sol el verde obscuro de las matas de patata y el verde claro de los lechugales y el rubio oro matizado de los trigos en que olea orgullosa la siempre apretada espiga de los dioses.

Algunos troncos robustos, afianzados en ambas orillas, dan paso cómodo de una falda a otra de las colinas divididas por el torrente.

En lo más plano, en lo más visible desde lejos, se abre la placeta y en la placeta se alza la iglesia con altas torrecillas blancas, teniendo, entre una y otra, en la fachada lisa, la ojiva con vidrios de colores que a la distancia asemeja a un ojo inmenso, símbolo de la suprema mirada del omnipotente.

Contiguo al templo de gallardas siluetas enclavadas en el azul diáfano, se divisa una casita rústica. Parece la mejor y más decente de todo el pueblo, como que es el presbítero que se decía a la casa parroquial. Allí mora el cura, ya más que entrado en años, siempre limpiecito, siempre benévolo, siempre sonriente y siempre pronto al servicio de su feligresía.

No es un erudito, ni un teólogo, ni siquiera un moralista. Sabe poco de ciencias y de inventos; cree en Dios, conoce su misión evangélica y ama a su prójimo sin dejar la ojeriza irremediable a los jacobinos, a los carbonarios y a los masones.

Con el buen cura, que es corazón y alma de su pueblo, vive en la casa parroquial el ama, un alma de Dios, gruesa, sana, servicial y protectora de todo el mundo, especialmente de los que sufren hambre, que exigen algo más que el pan de la eucaristía y de los que sufren amor destinado a sacrificarse en el tálamo bajo la bendición de aquel ciervo de Dios que cura las almas.

Con el ama y el cura vive además un pimpollito de rosa; una criatura formada con la esencia de muchas cosas buenas: graciosa, esbelta, delicada y muy mujercita en cuanto a las morbideces y curvaturas características del sexo.

Con sus grandes ojos azules, llenos a la par de candor y de inocente ansia de saberlo todo, sigue en el día desde su cobertizo, con la labor en las faldas y la aguja en la mano, ya las ovejas que van por los senderos balando perseguidas por el perro, entre los jaramagos de la colina, ya el curso de la cristalina corriente, que murmura entre berros en el arroyo cercano o ya en la noche, horas enteras el azul oscuro del firmamento cuajado de estrellas fecundo en misterios y surcado a veces por rápidas iluminaciones que cruzan sin dejar rastro.

Esas manitas hacen hablar, gemir, suspirar al órgano del templo y esa voz angelical levanta los corazones sensibles de aquella gente sencilla hasta el trono de Dios, al modular el Ave María Stella con que se inicia el culto diario a la divina Madre.

Pero ¿quién es esa ninfa de las breñas, de los torrentes, de los brezos, de las espadañas?

El cura tuvo una hermana, agraciada, inocente, buena.

Una noche llamaron a las puertas de la casa parroquial con violencia.

Cuatro labriegos llevaban en parihuelas a un herido en una de las escaramuzas, en ese tiempo diarias, durante la lucha por la libertad.

El cura acogió con amor al infeliz que no daba señales de existencia.

La buena mujer se hizo una hermana de caridad durante la enfermedad y la convalecencia dolorosa.

Un día hubo de partir sano ya el acogido y la despedida fue triste, muy triste. El cura lo bendijo. La buena mujer cayó rodando exánime, bañado su rostro en lágrimas.

Pasó algún tiempo y el cura, teniendo entre sus brazos con inmenso cariño a aquella infeliz, la confortaba hablándole de perdón mientras ella sufría el paroxismo de los dolores.

Un momento solemne, la angustia en los pechos, un grito de muerte y otro de vida. La madre entregando su espíritu a Dios y la hija, criatura divina, pura, hermosa, hija del pecado, bendecida en nombre de la Santísima Trinidad por el sacerdote que la nombra su hija, la hija de su alma, la sangre de sus arterias, el aire de sus pulmones, la sombra de su cuerpo...

¡Hay un pueblo escondido allá en las profundas arrugas de los Andes.!

# La sirena de la "Jalancha"

*Antonio Díaz Villamil*

A varios kilómetros de esta ciudad, y siguiendo el camino que conduce a la región del trópico yungueño, al pasar por la cordillera en el sitio que llaman "Rinconada", existe un lugar cuyo tránsito, antes que se hiciera la construcción del ferrocarril a Pongo, causaba grande inquietud a los viajeros.

El camino de Yungas que comienza en los alrededores de La Paz, en la región de Miraflores, y que se continúa por las desoladas laderas de Chuquiaguillo, alcanza aún mayor soledad y tristeza, cuando se acerca a la "Rinconada", en el sitio llamado "La Jalancha". Con este nombre se conoce un extenso y dilatado valle, formado al Este, por una serie de serranías abruptas en cuya roca han trazado nuestros ingenieros, el atrevido camino férreo mencionado; al fondo, el lecho de traicionero fango de un mísero río que baña abundantes yacimientos de turba; y al Oeste, una estribación cordillerana que, con una perpendicularidad aterradora, cae a plomada con sus enormes masas rocosas desde la altura de trescientos metros hasta el borde inmediato del camino de herradura, obligado paso de los que hacían el viaje a las vegas del Tamampaya y de Yolosa.

Muy sabido era por los viajeros que "La Jalancha" era un lugar de peligro, pues, cuando la noche les sorprendía en sus inmediaciones preferían detenerse antes que atravesar en la oscuridad aquel paso. Aún más, cuando se trataba de atravesarlo, aunque fuera a la luz del sol meridiano, los más adelantados esperaban siempre a que estuviesen reunidas varias caravanas para seguir adelante.

La causa de este temor se justificaba por una serie de trágicos sucesos que dieron a ese sitio el más fatídico prestigio.

Era el mes de junio, vale decir el apogeo del invierno. Durante la noche había descendido una copiosa nevada, y el día, aunque un débil y esfumado foco de luz señalaba que el sol debía estar muy alto sobre el horizonte, permanecía sumido en una densa bruma.

El frío viento de la cordillera, intensificado aún más por su arrastre sobre las nievas que todo lo cubrían, ya no tenía para su monorrítmica canción la agreste lira de la paja brava, enterrada bajo la nieve y, tan sólo, se aferraba, desesperado, a silbar furiosamente en algunas cuevas que, a manera de cajas sonoras, eran lo único dócil al tañido del dios Eolo.

Pero, aproximándose a una de esas cuevas se hubiera podido oír algo más; a cada golpe de aire, un coro de blasfemias pugnaba por dominar el rugido de la naturaleza.

Dentro de ella, la luz de un mechero, encendida cien veces para ser otras tantas apagadas por las ráfagas, puede mostrar la siniestra catadura de sus misteriosos habitantes.

– ¡Maldito sea el vientre que me parió!

Rugía a cada golpe de viento un hombre de colosal estatura, un zambo gigantesco que era nada menos que el famoso "Zambo - Salvito", jefe de la banda de salteadores, que se había establecido en las cuevas de "La Jalancha" para dar pábulo a sus fechorías.

—A ver Matías enciende otra vez.

Volvió a rugir. Por sus violentos ademanes y su mirada avasalladora, se comprendía que era un hombre acostumbrado a imponer su voluntad a todos. En esta ocasión se sentía ofendido al ser burlado por el viento intangible.

Cinco hombres más, de apariencias patibularias, aparte de otro que estaba empeñado en mantener trabajosamente la luz, se hallaban en cuclillas rodeando a su jefe. Permanecían silenciosos, masticando con laboriosidad de rumiantes, puñados de coca.

Fuera de éstos, otro bandido estaba apostado al borde de la cueva, apoyado sobre un montón de piedras que eran los proyectiles dispuestos a rodar hasta el camino y destrozar a los viajeros. Era el centinela que debía anunciar la aproximación de los incautos. Se defendía contra el frío y el viento con un poncho y una bufanda de lana, su cabeza toda estaba metida en un gorro tejido que solo dejaba asomar los ojos. En vano quería atravesar con la mirada las brumas y ver, allá abajo, el camino a ciento cincuenta metros adentro. Por fin, aburrido de su inútil intento, dejó su puesto de observación y volviéndose al jefe, le dijo:

–Mi viracoche, aura no vamos a hacer nada. Creo que nadie ha de pasar con este tiempo.

– ¡Cómo nadie!, respondió con severidad el zambo, hoy es jueves, y el camino es más concurrido que nunca.

–Tiene razón mi viracoche: pero, con este tiempo nadie ha de querer pasar la apacheta.

Ocupó el jefe sin responder el puesto abandonado por el observador, y, convencido de lo que decía su hombre, se fue al interior y volviéndose a sus compañeros les dijo, con menos aspereza:

–Cierto. Hay mucha nieve y mucho frío, y con esta niebla no podemos ver ni las señales de la María Rosa.

Corno para ratificar lo dicho, el viento hizo una nueva y furiosa incursión a la cueva.

Después de un rato, Zambo - Salvito habló:

– ¿Qué tal sería probar el pisquito de ese barril que el otro jueves nos hemos cancheado?

Matías, el más joven y el más intemperante exclamó gozoso:

– ¡Muy bien mi viracoche! ¡Aura sí que nos vamos a calentar!

Dos bandidos registraron un rincón de la cueva y de entre un hacinamiento de monturas, chalonas, conservas, café y otros productos de su vandalaje, sacaron el barril aludido.

El brebaje fue pródigamente repartido en jarros de hoja de lata.

Poco después, unos puntos luminosos significaban el quietismo de los fumadores.

Los bandidos descansaban y... se calentaban.

En la ladera de Chuquiaguillo, a poca distancia antes que el paisaje asumiera toda la rudeza y desolación de la cercana "Jálancha", se levanta, a la vera del camino, una miserable casucha sobre cuya única puerta se ostenta el rumboso título de "La Estrella del Oriente". Es el obligado descanso de los viajeros que allí acuden a proveerse de algo indispensable que olvidaron entre las agitaciones de los preparativos del viaje: bebidas, comestibles y todo lo que puede menester, dentro de sus parcas necesidades, el viajero de nuestras tierras.

Propietaria de este pequeño comercio es una linda cholita, que lleva en sus núbiles atractivos el mejor réclam para la venta de sus mercancías. Esto explica por qué, junto al pobre arriero que detiene allí su recua para atenuar su fatiga con un trago de licor, asoma también el pedante y mujeriego burgués provinciano, que viaja en bestia propia, gasta poncho de vicuña, alforjas y montura guarnecidas de cuero de perico y que va a la finca ¡a ver la mita!

Y es en este último caso que la María Rosa, como se llama la dueña, hace derroche de garbo y solicitud para atender a su parroquiano.

Mas, si los contratiempos y desventuras de cuantos se detuvieron a gozar de sus atenciones se hubieran podido catalogar y conocer en su origen, no se podría menos que dar a María Rosa la reputación de una sirena criolla, cuya afabilidad era el preludio de las desdichas que debían sufrir al pasar "La Jalancha" los que salían de "La Estrella del Oriente" para continuar su camino.

Y, nada menos que eso. Pues una detenida observación a los manejos de la cholita, habría, mostrado como, enseguida de que un viajero que había hecho vislumbrar a la dueña de la tienducha una repleta bolsa, se despedía para seguir su marcha, María Rosa subía apresuradamente la pequeña colina que servía de respaldo a la casucha y, desde allí, vuelta hacia "La Jalancha" hacía misteriosos signos agitando un trozo de tela cuyo color variaba según la calidad del viajero.

Pasaban los días. Y cada vez un nuevo suceso trágico iba a aumentar los rojos anales de "La Jalancha". Y llegamos precisamente a aquel día brumoso de junio en que hemos dejado al "Zambo - Salvito" y a su banda en una de sus cuevas mal-diciendo el tiempo.

Ramón Centellas había partido aquel mismo día, muy temprano, de la ciudad, sin intimidarse por la inclemencia del viento, pues era asunto premioso el que le llevaba a Coripata.

La temperatura era en extremo baja, y, a pesar de estar arropado en confortables vestidos, no podía tenerse con seguridad en su cabalgadura, ni empuñar las riendas.

Al pasar por "La Estrella del Oriente" sintió la necesidad de un reconfortante. Hecho pie a tierra y se dirigió a la tienda.

—Pase usted joven. ¿Qué se le ofrece? Preguntó, amable como siempre, María Rosa.

—Buenos días, caserita. ¿Podría prepararme una taza de café bien caliente?

–Con mucho gusto. Tome asiento.

Y, solícita, le indicó un banco sobre el que se había apresurado a extender un tejido indígena.

–Si no es ofenderlo, ¿es usted forastero?

Demandó, amable y coquetona la mujer, mientras ponía sobre un bracero encendido una vasija de arcilla llena de agua.

–No, caserita: soy de la ciudad.

–No me figuraba, como nunca lo he visto pasar por aquí.

–Es que es la primera vez que viajo a los Yungas.

La amabilidad de sirena que siempre había mostrado con sus clientes María Rosa, en esta ocasión era sincera y fruto de un repentino estallido de simpatía despertada por la agradable apostura del joven viajero de una belleza varonil envidiable.

Por otra parte, decía verdad la cholita. Nunca había visto pasar a Ramón Centellas. Y, más expresivo hubiera sido asegurar ella, que nunca tampoco gustó tanto de un cliente más ¡simpático!

El diálogo que María Rosa hubiera querido seguir, tuvo que ser cortado por ella misma, para ir a avivar con soplidos el fuego por extinguirse del bracero. Por su parte Ramón, instalado en su asiento, encendió un cigarrillo y, en silencio, comenzó a valorar concienzudamente a su atrayente caserita...

La cholita era uno de los más bellos y típicos ejemplares de su casta. Su cara oval y de ese color trigueño tan agradable, era de rasgos relativamente finos; sus ojos de niño somnoliento competían en negrura con el azabache de su cabello recogido sencillamente en dos gruesas trenzas.

Inclinada como estaba hacia el bracero, dejaba ver desde retaguardia las botitas de cabritilla color champagne y las piernas de goyescas curvas con medias de igual color; el busto, que en su parte antero superior avanzaba en la atrevida y palpitante esferoicidad de los senos, se deprimía en la estrecha cintura desde la cual bajaba la pollera en graciosos pliegues tan sólo hasta muy poco abajo de las rodillas. El tronco estaba negligentemente defendido contra el frío con una manta de vicuña, asegurada sobre el hombro izquierdo con un prendedor de topacio.

El resultado del detenido examen llevó a la convicción del joven viajero que, si no estaba ya enamorado de aquella mujer, acabaría por estarlo muy pronto.

Satisfecho, con la satisfacción del turista que por fin ha encontrado el bello panorama prometido a su viaje, Ramón Centellas quedóse abstraído en la grata contemplación de aquella hija de Eva, acabando por perder la noción del tiempo y, más que todo, de su situación de viajero diligente. Se olvidó de todo, y comenzó a admirar, a soñar y... a querer.

–Aquí tiene usted, joven.

Fue la frase que le sacó de su abstracción. Era que la cholita le alcanzaba el café humeante.

La bebida fue apurada por el viajero que, entre uno y otro sorbo, no cesaba de lanzar miradas elocuentes a su caserita.

María Rosa, que con su perspicacia femenina se dio cuenta de lo que pasaba en el ánimo de su cliente, se sentía feliz, y con nuevas actitudes y sonrisas se satisfacía en hacer frente al que adivinaba ya su galán.

El amor, que cuando es silencioso puede acabar por estrangular corazones, fue creando para ambos una situación incómoda. Para librarse de ella, quien más ánimo tuvo de hablar fue la mujer:

– ¿Va usted a Yungas de paseo?

—Voy llevando una remesa para mi tío que actualmente está rescatando productos para una compañía extranjera.

—Llevará usted mucha plata. —Miles de pesos.

María Rosa, aún a pesar de estar en aquella ocasión preocupada por otra suerte de ideas, no pudo sustraerse a algo que desde hacía mucho tiempo era la única razón de sus actividades. Al saber al joven conductor de miles, sintió que en su interior una fuerza habitual le impulsaba al crimen y a la traición. ¿Vencería el crimen o el amor?...

—Caserita, ¿cómo se llama usted?

—María Rosa, para servirle.

—Pues, María Rosa, esa taza no es suficiente.

Hace mucho frío y creo que mi cuerpo necesita algunas tacitas más.

—Con mucho gusto. Se lo voy a preparar enseguida.

María Rosa pensaba:

—De todos modos está muy bien que él se quiera quedar sin darme trabajo, como tantos otros, para hacerle pasar muy tarde por "La Jálancha".

—Pero usted también ha de tomar conmigo ¿no es así?

—Gracias, le voy a acompañar.

Respondió la que comenzaba a ser, como otras veces, la sirena de criollas y rojas odiseas. Pero al ver a ese simpático viajero, tan fácilmente detenido en sus redes, no hubiera sabido decir si fue por quererle o por traicionarle.

El resto del día, en la estrecha tienda, transcurrió cálido para los amantes, mientras afuera el viento frío e implacable, hacía intransitable el camino.

El macho sujeto a una estaca junto a la puerta, se estremecía a los embates del viento y de la nieve; golpeaba con sus cascos el suelo como queriendo advertir al amo que era hora de continuar el viaje.

Vano empeño del noble animal. Su amo se había internado por otra senda y en pos de otro fin, y, al terminar la jornada, iba a llegar a las tierras del placer...

A este rápido desenlace había colaborado eficazmente, parte de la mutua simpatía que ambos sintieran, la manera sencilla con que generalmente se conducen las que, como María Rosa, pertenecen a nuestra clase popular, clase que, en cuestiones de amor gusta, muy poco, casi nada, de espiritualizar y alargar los preliminares del idilio, y solo dejan obrar fatalmente, inconscientemente a la fuerza de su pasión y de sus instintos.

Y así fue como Ramón y María Rosa, de las alusiones tímidas pasaron a las declaraciones categóricas, de éstas a las caricias, y de allí a todo lo que conducen el amor y el deseo, sin premeditación, sin cálculo, sin convencionalismos.

A la mañana siguiente, Ramón Centellas se despedía de la bella cholita de "La Estrella del Oriente" para seguir la marcha a Yungas.

La despedida fue tierna y a base de juramentos, caricias y promesas.

María Rosa que estaba aún con los cabellos sueltos y el rostro empañado por la languidez de una noche de amor, subió a la colina cercana para seguir con la vista a su amado.

La mañana era espléndida. El cielo se había sacudido de todas sus nubes y brumas; no así la tierra, que seguía adormecida bajo el manto nupcial de la nieve que extremaba su albura bajo el beso refulgente del sol.

En el último recodo del nevado camino desapareció el viajero. María Rosa vibró en un suspiro y volvió lentamente a su albergue. Y aquella vez, los trapos de diversos colores, que tantas veces dieran al vigía de "La Jalancha", el oportuno aviso, permanecieron olvidados...

Y en aquella colina, donde una mano de mujer trazara el fatal signo de la hora trágica para tantos viajeros, tal vez aquel día floreció un voto ferviente por la ventura de Ramón Centellas.

Caía la tarde.

María Rosa, la de "La Estrella del Oriente", estaba junto a la puerta, tan indiferente para el mundo exterior, que ni siquiera contestaba al saludo que los viajeros le dirigían al pasar. No intentaba siquiera detenerlos; solamente, seguía con la vista baja, la estela borrosa que aquellos al pasar dejaban sobre la albura de la nieve.

¡La noche anterior era para ella tan preñada de recuerdos! Y al calor de éstos no cesaba de saborear fruidosamente en su interior las impresiones dulces que aún guardaba. En medio del cuadro de su visión interna se alzaba inconfundible la imagen de un hombre, de aquél, que en la noche anterior le había hecho tan dichosa.

– ¡Que volviera pronto!

Pensaba, prometiéndose nuevos goces.

Si la tarde anterior pasó rápido junto a su ama-do, esta otra pasó igual junto a sus recuerdos.

Cuando llegó la noche, la enamorada cholita, sin pensar en cosas distintas que no fueran de su amor, fue a cobijarse al lecho, donde encontró todavía dos tibias depresiones en las que depositó apasionados besos.

Sería la media noche, cuando su sueño, que acaso en esos momentos reconstruía el encanto de la noche pasada, fue interrumpida bruscamente por fuertes golpes a la puerta, seguidos de una voz resuelta:

– ¡María Rosa, abre la puerta!

– ¿Quién es?

–Soy Blas. Abre pronto. Me manda tu padre.

Instantes después, María Rosa, ya vestida, abrió la puerta. Casi al mismo tiempo entró, tiritando de frío y embozado hasta los ojos, un hombre de poco agradable aspecto.

Sacudiéndose los zapatos llenos de barro, y desembosándose, tomó asiento.

—Maricuchita, si tardas en abrir me muero de frío.

—Bueno, ahora ya no hay cuidado. ¿Qué te trae aquí a estas horas?

El hombre, en lugar de contestar, rio estúpidamente, mostrando su dentadura verdinegra por el abuso de la coca.

—Já, já, já. Eres muy seria, Maricucha.

Después, acercándose a ella y pugnando por mostrarse amable, y delicado, añadió:

— ¿Sabes chunquito que me gustas mucho?

— ¡Esto sí que es lindo! —contestó burlona —¿Y a decirme esto te ha mandado mi padre?

—Te voy a ser franco. He venido por mi cuenta y... ya no pienso volver a las cuevas.

— ¿Te ha echado mi padre?

—Nó; mi jefe no tiene por qué echarme. Yo siempre le he ayudado más que nadie.

— ¿Entonces por qué?

—Maricucha, estoy cansado de ser un bandido. Cuando como yo se ha despachado a tantos a la otra costa, y, sobre todo, cuando el mejor rato puedo ir a dar a la cárcel, los remordimientos y la inquietud no me dejan vivir en paz. ¡Al fin uno tiene conciencia! El día menos pensado puedo morir y no quiero irme al tacho colorado.

—Entonces, debes tener ya con qué vivir. ¿O es que piensas mendigar?

Blas dejó su gesto sombrío para volver a reír y añadió:

—Ya lo creo que tengo con qué vivir — y señaló debajo de su poncho. —Tengo un dinerito que lo he cancheado hoy de mi cuenta. Tu padre no sabe nada.

Acabó por sacar un voluminoso envoltorio hecho en un pañuelo lleno de mugre, y lo ofreció a María Rosa:

—Desátalo. ¿No te parece suficiente para que podamos vivir bien?

— ¿Para que podamos has dicho?

Preguntó ella con extrañeza, mientras se quedaba asombrada ante tanto dinero.

—Sí pues. Para que tú y yo podamos vivir.

— ¿Y yo qué tengo que hacer contigo?

El bandido se acercó más a la mujer, la cogió de una de sus manos y estrechándola entre las suyas, grandes y ásperas, le insinuó con ademán torpe y apasionado:

—Maricucha, tú aseguras que nada tienes que hacer conmigo, y te juro que eso no es así. Pagas muy mal al que como yo siempre te ha querido. Además tienes gran parte en mis crímenes, pues hace mucho tiempo que hubiera dejado de trabajar con tu padre; tal cosa me hubiera obligado a no volverte a ver, y eso ¡nunca! ¡Ni entre sueños! Pero ahora es ya distinto. Ahora tú y yo, si quieres, podemos libertarnos de esta vida criminal. Tengo lo suficiente para que podamos vivir con honra. He venido pues a proponerte que nos vayamos lejos de aquí, aunque sea fuera del país; pondremos algún negocio y estaremos bien ¿Quieres?

María Rosa, ante tales palabras, dejó de ser burlona para su galanteador, y no tuvo más que sentir el peso de tales reflexiones.

¡Vivir con honra, regenerar su vida! ¿Qué podía hacer de más bueno? Si aquel mismo hombre que parecía un monstruo de maldad, un empedernido criminal!, pensaba así para el porvenir ¿qué diría ella, todavía una muchacha que tal vez estaba allí, inconscientemente, colaborando en los crímenes del Zambo - Salvito su padre y de haberse hecho por esta causa una mujer fácil? Sí, estaba muy bien. ¡No más crímenes! Debía irse, y aun que no amara a aquel hombre, podía tener en él un salvador y un apoyo.

Así pensó, y como para responder a estos pensamientos, forzando cariño en sus palabras, le dijo:

–Esta noche hay tiempo para que hablemos; pero antes, voy a prepararte algo para el frío. Estas tiritando.

Aquella solicitud, y más que todo, el haberse compadecido ella por su estado, hizo tanto bien a Blas, que desde ese momento, contó ya seguro con el cariño de la que amaba.

María Rosa le ofreció una taza de café, y después de un buen rato de reposo en que ambos, ya de acuerdo, trazaron sus planes para el porvenir, ella, con más cálculo pero acaso con menos pasión que otras veces como para dar en prenda su cuerpo, cuya posesión tanto ansiaba su amador, le invitó al lecho. Después de todo ya lo había hecho antes con otros con menos garantías...

Mientras el hombre se aligeraba de sus ropas, María Rosa, por decir algo y llenar con palabras esa especie de silencio nupcial que tanto embaraza, le dijo:

– ¿Y cómo has reunido ese dinero? ¿Has sido poco a poco?

–No, Mañcucha; a pesar de que mi deseo era tener plata para irme contigo, no he reunido sino muy poco. Pero, esta mañana...

– ¿Esta mañana, qué?

Preguntó impetuosa la mujer, cambiando de actitud.

–No tengas cuidado chunquito, no he robado ese dinero a tu padre.

Insinuó él con calma, y quiso explicar: –Era de un viajero que iba solo...

– ¿Qué llevaba un macho castaño y sombrero de jipijapa?

–Exactamente.

– ¡Dios mío, es él!

Se dijo llena de sobresalto, haciendo lo posible por ocultar su emoción.

Entonces, en medio del cuadro de sus antiguas liviandades, sintió renacer nuevamente la pasión del día anterior que por un momento la había olvidado, y recordó a Centellas con toda la trágica fuerza de las circunstancias. Y dándose recién cuenta que aquel desalmado iba a ocupar el mismo lecho que su amado, y al presentir algo terrible se horrorizó.

Al notar el cambio de fisonomía operado en María Rosa, Blas, que ya estaba en el lecho, se arrastró mimoso hacia ella:

–Maricuchita, ya no tengas cuidado. Desde ahora juro que voy a ser un hombre honrado. Será el último que he despachado...

– ¿Le has muerto? ¡Infame!...

Una nube roja anubló su razón; paseó su vista desorbitada y la detuvo en los reflejos de un cuchillo, allí, muy cerca. Cogiéndolo, lo blandió como un relámpago.

– ¡Canalla, ese era mi dueño!...

La hoja, sin dar tiempo a ser esquivada, se hundió, poderosa, en el corazón de Blas.

– ¡El... último... Mari!

– ¡Sí, el último! ... ¡el último!

Gritaba enloquecida la mujer, sepultando con furia el cuchillo una y otra vez en el pecho del infeliz...

A la mañana siguiente la puerta de "La Estrellita del Oriente", permaneció cerrada. Su dueña había huido.

¿Su refugio?...

Tal vez un abismo o un lupanar. Pero nadie supo de ella.

# Don Quijote en la ciudad de La Paz

*Juan Francisco Bedregal*

# I

Las últimas proyecciones del sol, que se hundía en las lejanas cumbres, ponían tonos amarillentos sobre el gris verdoso de la inmensa altiplanicie y alargaban, fantásticamente, las sombras de los viajeros que, con la avidez de concluir la jornada, trataban vanamente de aligerar el lento paso de sus jadeantes y desmedradas caballerías. El viento sonoro jugaba entre la paja brava o encrespaba la verde superficie de los raquíticos cebadales, que se perfilaban, de trecho en trecho, junto a terrenos grietosos o barbechos parduscos.

De rato en rato pasaban tropas de asnos, indiferentes al palo del arriero indígena, o de llamas asustadizas, que se habrían en hileras irregulares y tomaban los bordes del camino para dar cómodo paso a nuestros viajeros, en los que fijaban sus pupilas asombradas y misteriosas.

El llano era interminable; el paisaje, fosco y bravio y, el horizonte cerrado por lejanísimas cumbres de radiosa blancura; no se divisaba indicio de caserío o poblado que dar pudiera albergue a los peregrinos, que eran -asómbrate, lector-, el caballero insigne don Quijote de la Mancha, acompañado por su escudero Sancho Panza y que movido por el generoso deseo de acuchillar a los malandrines y follones, que abundan en Bolivia, venía con rumbo a La Paz.

Por fin Sancho, acongojado de no vislumbrar un sitio de reposos, deteniendo al rucio, increpó a su señor, temeroso de que hubiese equivocado el camino, a lo que éste, volviendo rienda a Rocinante, respondióle:

–No es de andantes caballeros, ni de quienes a su servicio están, permitir que los quebrantos del cuerpo amengüen la entereza del ánimo, ni propio en ti, Sancho amigo, que después de andanzas cruentas, complázcaste en hacer tela de comentarios o lienzo de conjeturas, sobre sí es dable al bien pensar de tu amo, el tomar por moros a cristianos, o por caminos de encrucijada, los caminos anchurosos de carretera. En este mismo atardecer llegaremos a ese pueblo que no es amasijo de bellacos ni semillero de malandrines, pero donde, según reza la tradición, existen todavía doncellas que han menester del amparo de mi lanza, del bálsamo de mi palabra y del calor de mi corazón, cautivos que redimir y entuertos que enderezar.

"Y si no yerran, como que errar no pueden los pronósticos de los astrólogos y adivinadores, esa ciudad se presenta al peregrino de improviso y como surgiendo de un barranco inmenso, antes de llegar a las lindes de la llanura. Caminando poco trecho más, la avistaremos y todo será mirarla para que eso que fatiga llamas, se trueque en blando reposo.

–Pero no se aligerarán nuestras cabalgaduras -interrumpió Sancho-, y aunque quisiérales transmitirles o las transmitieseis realmente, la entereza de vuestro corazón, no sería parte para impedir que la falta de pienso a ellas y el continuo no yantar a nosotros, nos rinda y nos agobie. Mas, señor, yo no tengo que hacer sino lo que ordenéis.

Mas, en esta sazón, acertaron a pasar unos indios que, asombrados del extraño talante del caballero, sin lograr explicarse si era el Danzante o algún carabinero con lanza, se le aproximaron, sombrero en mano, y haciendo las genuflexiones y reverencias con que acostumbran éstos saludar a los señores, diéronle las buenas tardes en un idioma incomprensible. Don Quijote, con firme acento les dijo:

– ¡Oh, vosotros, ilustres descendientes de príncipes

manchures o vestales trogloditas, que no por morar en cavernas o ambular en los páramos, ignoráis la grandeza de mis hazañas! no os postréis de hinojos, que, aunque os holgara y ennobleciera el hacerlo ante tan alto caballero, huélgame mayormente el haceros merced de acatamientos y aunque vosotros no lo impetraseis rompería mi lanza para redimiros del cautiverio en que yacéis, pues mi magnanimidad no ha menester de pleitesías ni mi valor de acicate. Decidme, agora mesmo, dónde están ¡qué ardo en deseos de rendir a los que os rindieron, aunque fuesen magos o gigantes!

Pero como los indios, que lo contemplaban suspensos y abobados, sin entenderle una sílaba, vieron que a las palabras acompañaba ademanes amenazadores y llevaba la mano a la empuñadura de su espada, emprendieron precipitadamente la fuga, abandonando a sus asnos. Furioso, Don Quijote, con tan inesperada acción, embrazó la adarga, requirió su lanza, y hubiera acometido a los que huían si el infeliz Rocinante, famélico y extenuado, no se hubiese parado en seco, insensible a la espuela, reciamente agitada por su señor, y si Sancho, saliéndole al paso, no le hubiese requerido con palabras comedidas a dejar la persecución de los villanos que, según él eran jayanes y no príncipes cautivos.

Y así, entre las protestas fogosas del amo y los razonamientos del escudero, caminaron ya un largo trecho, cuando de pronto apareció a poca distancia, rugiendo en vertiginoso empuje, lanzando sonoros resoplidos y ensordecedor estrépito de hierros trepidantes, un tren que se aproximaba a la ciudad. Ambos peregrinos quedaron extáticos ante tan inusitada visión, hasta que el caballero, convencido de la testarudez de su caballo, que no salía del lento paso apeóse con una facilidad que ni armonizaba con el peso de sus armaduras ni con la fatiga que parecía ya rendirle y se lanzó a largos pasos en persecución del monstruo que, huyendo rápidamente, se perdió en una curva del camino.

Cuando Sancho, arreando penosamente a las bestias, logró después de algún rato, dar alcance a su amo, encontróle monologando orgulloso de haber puesto en fuga al más temible y poderoso monstruo que por maleficios y hechicerías habían lanzado contra él.

Concluyó su larga perorata, diciendo:

– Al enemigo que huye, puente de plata, dirías tú, Sancho; mas yo, puente de oro le pondría para que retorne y pueda sentir el impulso de mi brazo y el empuje de mi valor y así enriquecer la historia de la Caballería con una hazaña que recogerían los siglos venideros.

–No os acongojéis, señor- replicóle Sancho, son-reído con satisfacción-, que no hay mejor aventura que la que no ofrece peligro. La grandeza de vuestra hazaña consagrada está ya por la fuga estrepitosa del monstruo.

# II

Comenzaba ya a extinguirse la tarde, cuando de súbito apareció ante la atónita mirada de los viajeros, que se detuvieron sobrecogidos de admiración, la enorme cuenca que en cuyo fondo, como palpitando entre levísima bruma acribillada por millares de luces, se extendía la heroica y denodada ciudad de La Paz.

Proyectábanse en confuso hacinamiento cúpulas armoniosas de templos y palacios, torres enhiestas; atrevidas construcciones que parecían trepar a las colinas o precipitarse a la rompiente que dividía en dos planos inclinados la ciudad; edificios presuntuosos que se erguían ostentando la elegancia de su estructura, junto a tejados chatos; calles rectas, calles tortuosas; largas series de casas rectilíneas, coronadas por inmensas chimeneas humeantes; techos rojizos, techos de un gris azulado, edificios que desprendidos del con-junto parecían enderezarse hacia los cerros; copas altísimas de opulentos árboles, que se enfilaban en las lejanas avenidas, o flanqueaban las casas de los alrededores y ponían manchas obscuras en los rectángulos formados por las plazas y las avenidas que recortaban la informe masa de edificios acumulados en la enorme garganta.

En la inmensa cuenca palpitaba la vida ciudadana. La diafanidad resplandeciente de la atmósfera quebrantada las leyes de la perspectiva y, todo contemplado, súbita e inesperadamente, desde la altura dominante, intensificaba la fuerza de la emoción con la violencia del contraste.

Ante tan insólito espectáculo, prorrumpió Don Quijote en ardientes exclamaciones, pues estaba seguro de que este fantástico retablo esperaba desde siglos la pujanza de su bravura y el denuedo de su brazo. Recordó que, según cronicones ya olvidados, estuvo allí un pariente suyo, llamado Simón Bolívar, y nació en sus proximidades don Pedro Domingo Quijano, que debió dejar luenga prole y, finalmente, aseguró a Sancho que, si hay -como no puede dejar de haber -justicia y acierto en los reyes que por la gracia de Dios reinan en el mundo, debió de ser corregidor de esa ciudad el ingenioso hidalgo don Miguel de Cervantes Saavedra, que lo hubo solicitado al rey nuestro señor.

Y continuó hablando tan largo y tendido, que ni la fatiga ni el frío fueron parte para detener y entibiar su entusiasmo.

Comenzaron a descender por una polvorienta ladera que se retorcía y ondulaba, casi paralela a otras por las que cruzaban ruidosos vehículos.

Llegaron por fin a las goteras de la ciudad y aceleraron, cuanto les fue posible, el paso de sus caballerías. Llegaron a la calle Tumusla, atravesaron la Plaza Alonso de Mendoza y remataron en el tambo de "Quirquincho", en el que se instalaron, merced al consejo de un arriero que les sirvió de guía desde que se aproximaron a la ciudad.

Aquella misma noche Sancho había trabado relaciones con un gomero llegado de Caupolicán, unos estudiantes que volvían de sus provincias y algunos huéspedes más, todos los cuales, seducidos por las maneras discretas y comedidas y los oportunos decires del escudero, invitáronle a pasear por la ciudad y conocer las costumbres nocturnas de sus habitantes.

Después de mucho andar y recorrer calles y callejas fueron a parar al ya entonces célebre barrio de Chijini, en el que al paso hallaron una casa muy alumbrada, a la que, directamente, entraron, corno si para eso estuviesen ya de acuerdo todos, menos Don Quijote que, sin saber cómo sí ni cómo no, se halló a los pocos segundos en una sala muy alumbrada en la que, al compás de una música canallesca, danzaban, fuertemente abrazadas, parejas de hombres ensombrerados y mujeres escandalosamente escotadas y ataviadas con tan poca honestidad, que le forzaron a decir:

–O no soy quien soy o he de arrojar de esta morada a los danzantes malandrines que maquinan contra el recato de estas fermosas doncellas, condenadas a cautiverio y a cubrir, sólo a medias, el cuerpo con ligeros tafetanes, y si violado habéis su santa clausura, amparados por algún mago proxeneta, a él también rendiréle en esta misma hora y punto.

Mientras los concurrentes le escuchaban, entre asombrados y risueños, una mujer, separándose del grupo formado por las ya desprendidas parejas, díjole:

–Mire, no sea leso; si eta uté curao, pase a la cantina.

–No se caliente m'hyito -díjole otra mujer, asiéndole cariñosamente las manos.

–No soy mijito, ni admito motes, aunque no demando aquí mercedes ni acatamientos.

–Le ha querido llamar hijito suyo - replicóle uno de los amigos de Sancho.

–Yo, hijo soy sólo de mi madre y de mis obras. Jamás hijo de pudibundas doncellas -respondióle, indignado, el caballero.

Divertidos los del lupanar con las pláticas de Don Quijote, simulando acatamiento ofreciéronle no solamente abandonar el recinto, sino coadyuvar el rescate de las doncellas cautivas; hiciéronle hablar de sus hazañas. Las mujeres acariciábanle la barba y escuchaban con alborozo las protestas de amor y fidelidad que él, rechazándolas suavemente, formulaba en fervorosas cláusulas, recordando a su sin par señora, Dulcinea del Toboso, a la que no ofendería ni de pensamiento, aunque se sintiese, como se sentía, hostigado por los requerimientos amorosos de esas virtuosas damas de alta prosapia y que tan amorosamente se le rendían.

# III

—Démonos prisa, Sancho -decíale al despertar al día siguiente-, que ardo en deseos, no de hacer merced a esta ínsula, que no es la que Dios me destina todavía, sino de prestarle amparo en los rigurosos trances que hácenle pasar herejes y mojigangas, y juróte por mis barbas que en parte alguna hace más falta tu señor; que, desde luengos tiempos, jamás caballero andante fue osado de llagar aquí. Y no será en este almenado castillo donde prosigamos dando pábulo al reposo...

Aquí Sancho le interrumpió, diciéndole:

—Advierta vuestra merced que este no es castillo sino posada, y posada de judíos que, como prenda de pago de hospedaje, por poco no me obligan a llevar albardas y aparejos.

—Necio de ti -objetó Don Quijote-, ignoras que es usanza de cuidadores de castillos cobijar prendas de caballeros y guardadlas de acechanzas de villanos, y no olvides que quien no es parco en murmuraciones, pródigo no será en generosidades de obra, y no olvides tampoco que la desdicha deja siempre abierta una puerta a la ventura, y por ella pasaremos, aunque tú no lleves albarda ni yo armaduras, que aquella no hace el jumento ni aquestas al caballero, pues, aunque te maravilles, la fortaleza del brazo se aposenta en el corazón.

—Aunque vuestra merced me lo asegure -respondió Sancho, mientras se ponía las calzas-, yo creeré que un arcabuz, en manos de jayán o de galeote, rendirá al más esforzado corazón y lo acallará, por siempre, si es que éste no está armado o apercibido.

Y así, platicando, acabaron de vestirse y se echaron luego a la calle.

No habían los dos peregrinos andado más de diez varas y ya tras de ellos iba una turba bulliciosa de chiquillos, cholas y desocupados que, atraídos por la catadura extraordinaria del caballero, pugnaban porfiadamente por mirarle la cara, medio oculta bajo la celada, y por aproximarse a él o ganarle la delantera. Todo lo cual indignó a Don Quijote, que se detuvo, se irguió airado para increpar a la multitud, más la presencia de las cholas, a quienes avistó primero, aplacóle de tal suerte que prorrumpió en galantes decires y comedidas actitudes. Y, dirigiéndose a ellas, les dijo:

– ¡Oh!, hermosas doncellas que, olvidando el re-cato que conviene a vuestro estado y sexo, abandonasteis a deshora el lecho para rendir las primicias de vuestra donosura a este invencible caballero...

Iba a continuar, pero su voz se ahogó en descomunal gritería y en espantosa rechifla y una lluvia nutrida de cascaras se cirnió sobre Don Quijote y sobre los más próximos a él, que, entre burlones y azorados, le escuchaban, los que, por ponerse a buen recaudo, arrastraron consigo, en la confusión, hasta un zaguán vecino, al hidalgo caballero, que no dejaba de hablar aunque ya nadie podía oírle.

Felizmente, a la sazón llegó un gendarme a caballo, que, auxiliando al guardián de policía que pugnaba inútilmente por restablecer el orden, consiguió dispersar a la turba, previniendo a Don Quijote que se abstuviera de formar corrillos y provocar escándalos.

Una vez repuesto de la sorpresa el maltrecho caballero, oyó que Sancho le decía:

–Renunciemos a estas andanzas, señor mío, que en este malhadado lugar surgen, o parecen surgir del suelo, como por encanto, gentes abyectas y agresivas, y esas mismas malolientes mujeres, que parecen figurones de feria o perinolas invertidas, decían contra vuestra merced cosas que, aunque no llegué a comprender del todo, porque agarrotaban las palabras en media garganta, pareciéronme soeces denuestos y destemplados epítetos, que alcanzaban, según mi humilde parecer, hasta a vuestra señora madre, a quien Dios tenga en su gloria.

# IV

Después de algunos días de obligado reposo, vínosele a las mientes aquello de que el Caballero de la Cueva Redonda, antes de lanzarse a las más temerarias aventuras, solía dar reposo y esparcimiento al cuerpo, paseando, solitario, por lugares apacibles, confundiéndose con labriegos y villanos, y resolvió hacer lo propio, para lo que, despojándose de su armadura y prescindiendo de escudero, abandonó su morada y se lanzó resuelto a recorrer la ciudad y sus alrededores.

Halló unas calles tortuosas en la que edificios muy altos parecían violar las leyes del equilibrio y otros los de la simetría. Vio casas presuntuosas en las que, con artificioso adorno, pretendíase suplir la armonía arquitectónica; casas humildes, casas ancianas, injuriadas por protuberancias florales en las que el estuco perpetró arabescos inverosímiles; carromatos tirados por caballos escuálidos y otros estrepitosos que, sin caballo ni tiro alguno, se deslizaban con admirable rapidez; otros, muy grandes con aspecto de jaulas encristaladas, que caminaban sobre líneas de hierro, traqueteando y haciendo sonar campanillas.

Al cabo de mucho andar, abrióse ante los asombrados ojos del caballero una anchísima y larga calle arbolada, en la que altos edificios, recargados de adornos, exhibían su llamativa petulancia, alzándose sobre jardines brutalmente simétricos que, como perros amaestrados, se agazapaban a sus pies.

Por fin, después de mucho andar, llegó a una especie de plaza cubierta de árboles y cerrada por altos edificios y en cuyo centro, sobre una especie de chimenea cúbica, se alzaba la figura de un chulo muy majo, con la capa airosamente terciada; sobre el ancho zócalo y encaramadas en el pedestal, unas señoras obesas con casco y peplo, otras con gorros frigios y un cachorro rampante, contemplaban y servían de motivos ornamentales, acreditando su calidad simbólica, con leyendas breves, pero contundentes: "Gloria, Libertad, Progreso".

Y en caracteres dorados, a manera de lápida cineraria o de anunció comercial, leíse el nombre del procer, con sus respectivas iniciales: "Pedro D. Murillo". En uno de los bancos verdes, alineados bajo los árboles, bostezaban unos hombres o conversaban gentes, al parecer, desocupadas.

En uno de los frentes destacaba su ancha mole un palacio coronado por esbeltísima torre de áureo esmalte, ostentando la más complicada estructura que haya jamás el caballero visto, y en la que no se había olvidado ningún estilo arquitectónico ni escatimado detalle alguno de ornamentación.

Estupefacto, Don Quijote, ante tan espléndida prodigalidad de estuco, después de lanzar la postrera mirada al misterioso chulo de la chime-nea, resolvió penetrar al interior de tan fantástica morada, sobre cuyo frontispicio se leía: "Palacio Legislativo". Franqueó una puerta, custodiada por un hombre de altas botas y dorado morrión que, en hierática actitud y más inmóvil que las estatuas, mantenía sobre el hombro un arcabuz muy largo.

Después de atravesar pasillos y ascender por escaleras estrechas, encontróse, con sorpresa in-descriptible, sobre un corredor circular que dominaba una sala de igual forma, en la que, apoltronados sobre inmóviles sillones, reposaban unos hombres, circunspectos y ceremoniosos.

Abriéndose campo entre los espectadores, logró llegar junto al antepecho y, advirtiendo que alguien hablaba, hízose todo oídos para escucharle. Fumaban unos; dormitaban o leían periódicos otros. Vistas desde la altura de la galería, las cabezas de esos señores parecían un semicírculo de calabazas movibles; las había calvas y relucientes, engomadas, las más de agresiva pelambre; se balanceaban lentamente o permanecían inmóviles. A la sazón, decía un orador con elocuente acento:

–Nos debatimos, honorables colegas, en la impotencia o nos detenemos en banales cuestiones sin solucionar los asuntos a tratarse, que tienen papel destacadísimo, como se puede constatar, desde ya. Se los garanto y ello es remarcable; pueden apercibirse por la eclosión de las reacciones públicas.

Al oír esa sarta de galicismos, dislates y barbarísimos, Don Quijote, dirigiéndose a un espectador vecino suyo, díjole:

– ¿En qué idioma habla ese vergante?

–No es vergante, señor, es el honorable Pérez Sánchez, orador contundente y hábil parlamentario.

Don Quijote no pudo oír el final de la respuesta de su interlocutor, atraído por la perorata de otro, que respondía al anterior, y luego de otros más. Don Quijote reflexionaba: tienen piel de castellano estos discursos, pero con piel de cordero pueden vestirse hasta el avestruz y la vulpeja.

Lo sacó súbitamente de sus meditaciones una tromba de aplausos, interrumpiendo a otro orador que, poniéndose de pie, continuó hablando:

–Sí, honorables señores, nosotros los Padres de la Patria, que munidos de la representación que el pueblo nos discernió, venimos al Parlamento, abandonando nuestros hogares e intereses para sacrificarnos por las libertades públicas, rendimos en el sacrosanto templo de la Constitución el holocausto de nuestras virtudes republicanas.

"Con sabias leyes, transformaremos las condiciones étnicas, geográficas y culturales de la Patria y haremos flamear la bandera de la causa del pueblo, bajo cuyos pliegues inmaculados la integridad territorial tendrá como baluarte nuestros corazones, y las libertades públicas como valladar nuestros cerebros; imperativos de la hora presente; postulados supremos de la democracia, ideales prepulsores de la locomotora del progreso, bajo cuyo penacho flotante florecerán, radiantes y fecundas, todas las virtudes republicanas. Triunfará la causa del pueblo, pese a la adversidad, pese al destino."

Otro estallido de aplausos acalló la sonora palabra del orador.

Don Quijote, aunque no pudo comprender claramente la profunda filosofía de esas palabras, se entusiasmó por lo de sacrificios y holocaustos, y sin poderse contener más, incorporando el busto sobre el barandado y abriendo los brazos, apenas se restableció el silencio, dijo, con robusta voz y entonación solemne:

– Agora comprendo, señores areopagitas o lo que fueseis por qué ya no tiene razón de ser la razón de la sinrazón, ante el razonamiento del razonador que con tales razonamientos raciocina. Y juróos por el Dios que me sustenta que si sacrificaros pretendéis, por vuestra voluntad y talante y en oblaciones y holocaustos inmolaros, jamás permitírelo, pues mientras el cielo sea servido de mantenerme en armas, ellas serán para evitar el sacrificio de inocentes; que no es bien pensado que en este mismo punto y ahora quisiérades facerlo. Que no es de caballeros bien nacidos ni corresponde a mi fama y profesión folgarme en regalada pereza, mientras los de aquesta patria padres os llamáis, expusiéseisla a dejarla en la orfandad, que para socorrer huérfanos y desvalidos enviónos Dios al mundo a los andantes caballeros, y pese a vuestro heroísmo, que más presto que vuestras mercedes me preste yo a...

En este momento, agitando una campanilla y poniéndose de pie, un señor que ocupaba la testera díjole con arrogante y convencida voz:

—Ignora el honorable... señor que ha hecho uso de la palabra desde la barra, lo taxativa y terminantemente dispuesto por el artículo 34 del Reglamento de Debates que prohíbe terciar en las discusiones a quienes previamente no hubiesen obtenido aprobación de sus credenciales o solicitado y obtenido audiencia.

A lo que Don Quijote indignado y dominando el murmullo, respondióle:

— Menguada patraña invocáis, señor caballero: que el debatir con reglamento es lo mesmo que combatir con grilletes; que la única regla que no serán osados de torcer los caballeros es la que señala el camino del limpio pensar y del obrar con firmeza y denuedo. Sabed, también que de credenciales sólo han de menester aquellos que por andar en tráfagos vedados no hicieran ya fe con sus hechos y sus palabras y los que en luengo e ignorado cautiverio...

Hubiera continuado Don Quijote, si la algazara provocada por su respuesta no hubiese apagado su palabra con estruendoso vocerío y si un agente de policía secreta no le hubiera cubierto rápidamente la boca, con el sombrero de un espectador, evitando que los indignados concurrentes se le fueran encima.

Cuando se restableció el orden y mientras Don Quijote pugnaba por deshacerse del policía, seguro de ser víctima de algún encantamiento, uno de los señores que se apodaban honorables, pidió voto de censura para el intruso; otro, en larga y elocuente oración, hizo la exégesis del artículo 34, infringido en aquel momento, con desmedro del decoro nacional, y pidió la dispensación de trámites, a lo que se opuso un tercero, demostrando, con vibrante lógica, la necesidad de consultar previamente al jefe del partido, porque "lo contrario equivaldría a desbaratar la disciplina política, firme base sobre la que reposa la unidad nacional y el porvenir de la Patria". Muchas veces los aplausos frenéticos de los espectadores le cortaron la palabra.

Otro, que dijo ser del bando opuesto, aseguró con acento conmovido, que el desacato que se produjo era imputable a la mayoría. El público lo ovacionó con delirio. Arrullado por los aplausos prosiguió hablando del incidente hasta que la luz del día, que se tamizaba, amortiguada ya, a través de la encristalada cúpula que coronaba el recinto, fue reemplazada por la que se encendió, súbita-mente, en las innumerables ampolletas eléctricas de las lujosas arañas, lámparas y candelabros que exornaban el salón, lo que maravilló totalmente a Don Quijote que, derribando al policía que le asediaba, intento, pero no pudo, salir en busca de sus armas para volverlas contra el mago, su enemigo oculto que pretendía agobiar su entereza con acaecimientos jamás oídos, vistos ni leídos en libro alguno y que más parecían obra del demonio que de cristianos.

Vanamente pretendieron prosar varios caballeros, a quienes los rebosaba la elocuencia y les congestionaba el cerebro un cúmulo de ideas destinadas a defender la inviolabilidad del violado artículo; vanamente, porque el orador siguió hablando de este "importante tópico", que continuaría estudiándolo en la sesión inmediata y en las sucesivas si era preciso.

Intrigado Don Quijote por la frecuencia con que, recíprocamente, se daban, esos oradores, el calificativo de "honorables", preguntó a un vecino:

– ¿Por qué se denominan "honorables" esos señores?

–Porque son diputados.

– ¿Y vosotros, no os consideráis honorables, por ventura?

–No, señor, porque no somos diputados. Y le volvió la espalda, temeroso de que las interrogaciones del caballero le impidieran salir a tiempo para ovacionar, desde la plaza, a los oradores de su partido.

## V

Al día siguiente y después de reparar como mejor pudo sus armas y vestimenta, caballero en rocinante y seguido de su fiel criado, se aventuró de nuevo por esas calles de Dios.

No bien hubo abandonado el zaguán del tambo de "Quirquincho", cuando un automóvil que pasaba lanzando sonoros resoplidos, espantó a su caballo, el que por poco no derriba a una vieja que por allí caminaba, la que regañando, temblorosa y asustada, metióse a una casa próxima, haciéndole señales de cruz, como si fuese el demonio, sin escuchar ni atender las buenas razones del caballero, que juraba matar al monstruo causante del atropello, tan pronto como si se pusiese nueva-mente en su presencia, y que ya lo hubiese hecho a no haber fugado cobardemente.

Iba Sancho a decir algo, cuando se presentó, seguida de mucha gente, una pareja de agentes de seguridad que les intimó arresto.

–Marche usted a la policía - díjole uno de ellos- dese preso.

Como Don Quijote se dispusiese a darle explicaciones, continuó el otro policía:

–Hará usted su exposición ante el comisario de semana. O marcha callado o toco el pito y lo llevo del cogote.

Ambos polizontes a la vez abalanzáronse bajándolo del caballo, y apoderándose de sus armas, condujéronlo al puesto de policía, seguidos de bulliciosa muchedumbre que impidió oír las sabrosas pláticas y elocuentes protestas con que impugnaba el prisionero a los feroces policías, que intentaban replicarle, aunque no le comprendían.

Sancho, que permaneció entretanto, inadvertido, medio muerto de miedo, tomó las de Villadiego, rumbo a su posada, arreando como pudo a Rucio y Rocinante.

Al volver a su habitación, después de haber acomodado en la cuadra las caballerías, encontróse con personas de distintos aspectos y edades que iban a darle la bienvenida, con reporteros, fotógrafos y curiosos; personas, todas, atentas y obsequiosas que deploraban la prisión de su señor y, pidiéndole datos, dábanle ancho margen para soltar la sin hueso. Todas concluyeron alabando su discreción y prudencia y deplorando que su señor hubiese faltado de obras y de palabras a la autoridad.

Después de algunos días de amargo arresto, por haber faltado a la autoridad y promovido escándalos en vía pública, salió de la prisión el de la Triste Figura, pero no sus armas, que, por ser de uso prohibido, debían ser decomisadas.

Sin acertar el camino, y después de andar por calles para él desconocidas; acribillado por los dolores físicos; rendido por la fatiga y extenuado por el hambre, cayó exánime en pleno arroyo, el jamás como se debe alabado caballero.

Conducido a un hospital, pasó días muy largos y noches más largas todavía, sin más consuelo que la presencia piadosa de una hermana que lo escuchaba con paciencia, quizá con interés y que, como él, era natural de la Mancha.

El día que lo echaron del hospital, llegó tras muchos inútiles andares al tambo, en busca de su escudero, pero él ya no estaba allí; habíanlo trasladado a un gran hotel sus innumerables amigos y admiradores.

Y, solo y abatido, buscó vanamente algún descendiente de caballero andante. Anduvo en busca de aventuras, ávido todavía de enderezar entuertos, desfacer agravios o socorrer doncellas desamparadas; pero ¡oh, dolor! sólo halló agravios fue aporreado y escarnecido y, antes de ser des-terrado de la ciudad por vago y malentretenido (según amenaza oficial que recibió), determinó partir al día siguiente, para lo cual buscó a Sancho, a quien, con la ayuda solícita de un preceptor jubilado, medio inválido y medio mendigo, logró encontrarlo, instalado en suntuoso alojamiento, vestido de inusitada manera. Llevaba flamante levita de airoso vuelo que, disimulando las groseras protuberancias de su abdomen, alivianaba, en parte, sus naturales tosquedades; calzaba relucientes zapatos acharolados, con caña de suave gamuza gris perla, que afinaba en lo posible sus anchos pies de jayán; peinado como un gomoso, esmeradamente afeitado, con lentes de oro y guantes de piel de Suecia, presentóse el buen Sancho.

Después de mucho mirarlo y restregarse los ojos, reconoció a su fiel escudero y, con airada voz, le dijo:

—Hazme caso, por tu voluntad abandonado ¿eres víctima de sortilegios y encantamientos, o es que, por ventura, la regalada holganza y el buen yantar te han desviado el seso y decidídote a vestir de esa estrafalaria manera?

—Absténganse de reproches y cuchufletas vuestra merced y no sea más osado de herirme ni zaherirme que, sin vos haberlo procurado ni requerido, hánme proclamado gobernador vitalicio de aquesta ínsula, y como honor no pedido del cielo viene, y la voz del pueblo es la de Dios, desoír no quise la de este pueblo y heme, pues, sin yo pensarlo, con el peso del gobierno a cuestas. Que el no saber leer no me hace falta y, en teniendo el mando y el palo, haré lo que quisiera; otro firmará por mí y lo tendrá a vanagloria y como las necedades del poderoso por sentencias pasan en el mundo, no he menester de sabiduría sino de poderío para que el vasallaje me sea rendido, y aunque de gobernar ínsulas sé tanto como un jumento, no me pasará del magín aquello de que dádivas quebrantan peñas, y que entre muelas cordales no hay que meter el dedo, y que antes que cortarse las uñas vale más tenerlas bien pulidas para el bien parecer, y que librea provechosa vale más para el vasallo que tisona blasonada; seguiré, Dios mediante, buen camino.

—Maldito de Dios seas, Sancho -interrumpió Don Quijote-, malditos tus refranes, que estás dándomelos agora, como trago de tormento. Cárguense setenta mil satanases y quítente el gobierno tus vasallos o váyanse al demonio en hora mala, con la ínsula que, para vergüenza mía, por yo haberte traído, has de gobernar. Mas, con-suélame y quítame escrúpulo, el que con veras y discreción supe aconsejarte y que, violentando mis deseos y desacatando mis órdenes, te truecas de siervo de caballero en amo de bellacos.

—Guardad vuestras razones, señor Don Quijote-respondióle Sancho-, que con las que aprendí de estos señores, un negro de uña me importa cuánto vos dijereis, que ya no creo ni en Dios ni en el Diablo, ni en la Caballería y, por último, más sabe el necio en su casa que el sabio en la ajena.

—Eso no - dijo enfurecido Don Quijote-, el necio ni en la suya ni en la ajena sabe nada y sobre el cimiento de la necedad no sienta ningún discreto edificio y el de tu gobierno pronto caerá con las patas arriba ¡oh, vil y pérfido jayán! a quien en hora nefanda amé y saqué del estercolero.

Y sollozando amargamente, salió de la lujosa estancia del señor gobernador, el maltrecho y casi desnudo caballero.

# VI

Con la desolación en el espíritu y andando trabajosamente, encaminóse a su posada, resuelto a partir cuanto antes de esta aciaga ciudad. Pidió que le trajesen a Rocinante, único amigo leal que en el mundo le quedaba; pero no lo pudo haber más. Era prenda, en concepto legal, del alojamiento y del forraje y, aunque menguada para cubrir el total pago, tuvo que ser destinada a este fin, por más que Don Quijote protestase en nombre de la Caballería Andante, de Dios y de la justicia; implorase merced al cielo y protección a los hados; se deshiciese en razonamientos, imprecaciones, lágrimas y denuestos.

Sus armas, reliquias simbólicas de quien fue flor y lucero de la Andante Caballería, contempladas a la luz del genio por cien generaciones reverentes, quedaron depositadas en la Policía de Seguridad, porque su uso estaba aquí prohibido y era "cuerpo del delito", de la infracción, pendencia y faltamiento a la autoridad.

Y así: inerme, desolado, andrajoso, sin escudero y sin caballo, salió de la ciudad heroica de La Paz, para no retornar nunca.

# El Desafío

*José Santos Machicado*

Eran las diez de la mañana y don Terencio Padera repasaba en su escritorio las publicaciones de última fecha. Padera se ocupa en trabajos de prensa, colaborando en varios periódicos.

Joven ilustrado y de talento, creía de su obligación poner su modesto contingente al servicio del bien y del progreso de su país.

No daba por mal empleados sus afanes, sin embargo de que ellos le hacían desatender asuntos de propio interés.

El señor Padera trabajaba por gusto y sin retribución alguna.

Tenía sanas ideas, que se esforzaba en propagar por medio de sus escritos, mas no se podía decir que fuese severo y firme en sus convicciones.

Se doblegaba a veces al influjo de las preocupaciones de moda sin llegar por eso hasta la irreligión y la impiedad.

De espíritu honrado y de recto criterio, sus extravíos y traspiés en materias de moral y justicia se debían a la enfermedad epidémica que en el día contamina las ciencias, las artes y las costumbres.

Formaba Padera, por debilidad o por condescendencia, en el número de los buenos que hacen poco o no hacen nada en favor de la verdad social y política, a pesar de hallarse ricamente dotados para las nobles luchas y victorias contra las invasiones y predominio del mal.

Con todo, el señor Padera es elemento apreciabilisimo en la prensa periódica, donde, por desgracia, no hay mucho que merezca ser escogido y acatado.

Registrando se hallaba, como decíamos, folletos y periódicos, cuando sintió que llamaban a la puerta con golpes inusitados.

Se alarmó un tanto, y sin dejar su asiento gritó:

– ¡Adentro! ¡Adelante!

Se precipitó en el escritorio un hombre, el cual, sin más fórmula que quitarse el sombrero, le dijo:

– ¿Ud. es don Terencio Padera? -Sí, señor, y estoy a sus órdenes. -Me trae aquí un asunto desagradable para mí, y acaso para los dos.

–Ud. dirá; sírvase tomar asiento.

–Me llamo Aníbal de Río, y ha poco que he llegado a La Paz.

–En buena hora. Doy a Ud. la bienvenida.

–Soy accionista de una sociedad industrial que se propone explotar cueros, astas y huesos de ganado mayor, para aplicarlos, como materia prima, a las artes útiles.

–Felicitó a Ud. por el pensamiento, y deseo que la sociedad prospere.

Padera decía para sí: “Pleito se anuncia”.

Es de advertir que Padera figuraba entre los abogados poco afectos a su profesión. Defendía solo asuntos elegidos con severo examen.

–Me encuentro alojado en la vecindad, y almuerzo y como donde las Moral, que, no lo debe ignorar Ud., tienen casa de pensión en este barrio.

–En efecto, sé que existe esa casa de pensión.

–Sí, la de las Moral, y a quienes la maledicencia pública se complace en llamar “las Morral”.

–Creo que hay algo de eso.

–Además, hace apenas una semana que mi sociedad ha celebrado sesión para designar presiden-te, secretario y tesorero, en cuya elección me cupo la honra de ser escrutador de votos, circunstancia que conoce Ud.; no puede ser de otra manera.

– ¿Yo?

–No se haga Ud. el sorprendido. Le he puesto en antecedentes, o más bien se los he recordado, a fin de que Ud. no rehuya su responsabilidad, o apele a las excusas.

– ¡Caballero! No comprendo la responsabilidad a que Ud. se refiere.

En seguida hubo algunos instantes de silencio.

De Rio parecía meditar las palabras de que se había de valer.

Padera daba muestras de la mayor sorpresa e incertidumbre.

El rostro del Río estaba encendido, denuncian-do, una agitación notable en su espíritu.

Era De Río un buen mozo en toda la extensión de la palabra: alto, rubio y simpático; el conjunto de su persona expresaba energía, resolución y vehemencia.

La corrección y el esmero de su traje indicaban la clase social a que pertenecía. Padera es pequeño y delgado, pero no menos interesante.

Su cabello negro, su palidez y su estatura, así como su fisonomía mansa y complaciente, contrastaban con las dotes físicas y morales de su inter-locutor.

–Me extraña -dijo de Río- que Ud. no se haga cargo de nuestra respectiva situación. Entre el ofensor y el ofendido no hay más medio de arreglo que una satisfacción cumplida o un duelo.

– ¿Satisfacción? ¿Duelo? ¿Y por qué?

–Acepto cualquiera de las dos cosas, declarando ingenuamente que prefiero el duelo.

–Yo no he ofendido a Ud., no he podido ofenderle. Es la primera vez que le veo y hablo.

–Todo lo que tengo manifestado antes hace imposible la duda acerca de los insultos gratuitos que Ud. me ha dirigido.

– ¡Esto es demasiado! Acabemos: Ud. padece una equivocación, procede con malos informes, o...

–Acabemos. Ud. se niega a reparar la ofensa, y yo sabré obligarle a ello.

– ¡Caballero! No creo que se haya propuesto Ud. agotar mi paciencia; eso sería innoble. Diga Ud. ante todo, ¿cuál es la ofensa?

– ¿Para qué he de repetirla, si Ud. lo sabe tanto o mejor que yo?

–Insisto en sostener que jamás me he ocupado de usted.

–Con negativas no se orillan estos asuntos. -¡Pero, hombre!

–Enviaré a Ud. mis padrinos con el cuerpo del delito.

–Oiga Ud., y tengamos la fiesta en paz. -Nada; lo dicho.

Y se fue haciendo una ligera venia de cortesía. Padera quedó estupefacto.

La sorpresa y la confusión le impidieron, desde luego, coordinar sus ideas.

Al cabo de algún rato exclamó:

– ¿Este señor ha escapado de un manicomio? ¿Qué tengo que ver con su sociedad industrial, su vecindad, ni sus almuerzos y comidas donde las Moral?

"Parece que de todo esto deduce que yo le he ofendido y que le debo la satisfacción de un duelo. Y el mozo es muy capaz de armarme un escándalo en mitad de la calle y ponerme en ridículo.

"¿De dónde diablos, me viene esta tormenta? No recuerdo haber procurado ofender a nadie.

"Por el contrario, tendría que reprocharme la condescendencia para conservar lo que se llama buenas relaciones con el malo y con el bueno, hasta el extremo de sacrificar la dignidad, hasta el extremo de comprometer la verdad y el respeto debido a la santidad de las creencias.

“Lo confieso con rubor: estreche manos que merecen el fuego, y sonreí a quienes deben ser escupidos en el rostro.

“Y sin embargo, precauciones tan costosas, o más bien prevaricaciones, no han impedido que brote un enemigo pidiendo mi sangre para lavar una ofensa imaginable, que me atribuye.

“¿Qué puede ser? ¿Calumnia? ¿Asechanza? ¡Buen lío tengo delante!

“Más las cavilaciones inútiles me llevan camino de la locura.

“Aguardemos. Quizá el cuerpo del delito arrojará luz en tanta oscuridad.

Después de esta especie de monólogo, Padera se dirigió a su casa.

Padera tenía en casa distinta el escritorio donde despachaba sus asuntos y recibía a sus amigos íntimos.

A la una post meridiem volvía a entrar en su escritorio, mostrando en la fisonomía manifiestas señales de tristeza y de mal humor.

No tardó en recibir un billete concebido en estos términos:

“Nuestro querido Terencio»:

“Hemos almorzado en el Hotel Americano, donde el argentino Aníbal de Río decía a los suyos que se batiría contigo por una grave ofensa que le has hecho. Agregaba, además, que intencionalmente hacía público el próximo lance, al efecto de córtate todos los caminos de la retirada o excusa.

“Diego estaba con nosotros y nos aseguró que sabía el secreto, negándose, sin embargo, a declararlo.

“Creemos necesario participarte tan desagradable noticia, recordándote que dispones absolutamente de tus amigos.

“Salustio y Eduardo”

—Sigue la danza -se dijo con abatimiento-. Mi persistencia en la negativa echará sobre mí las burlas, las rechiflas y aun los desprecios de los boquirrubios y casquivanos, actores obligados de estas farsas. Y de repente se puso furioso, como el agua del tranquilo lago alborotada bruscamente por el viento, y exclamó, cerrando los puños: -¡Sí, señor, me batiré! pero será después de abofetear al impertinente, para que haya siquiera causa apreciable de conflicto.

Las naturalezas dóciles y apacibles, bajo el influjo de tenaz provocación, se hallan expuestas a tremendos estallidos.

Llamaron muy quedo a la puerta. Padera fue allí, y viendo a dos personas, les dijo:

—Pasen ustedes, caballeros. Tomen asiento.

Y añadió luego:

— ¿Cómo le va, señor Farandi? ¿Y a Ud. señor Estupes?

—Bien -contestaron ambos-. ¿Y Ud., sin nove-dad?

—Así es.

—Nos trae un objeto ingrato por cierto -dijo Farandi-. Ud. comprende que en estos casos no se pueden rehuir los compromisos.

—Estoy a las órdenes de ustedes.

Continuó Farandi:

—El señor Aníbal de Río nos ha rogado que nos entrevistáramos con Ud., con el fin de que nos comunique los nombres de sus padrinos, con quienes debemos concertar las condiciones del duelo.

—Es un empeño singular el del señor Aníbal del Río... Yo no tengo conciencia de haberle ofendido, ni hasta hace tres horas tuve conocimiento de que existiese este caballero en La Paz.

— ¿Entonces? -repusieron Farandi y Estupes.

—Que acepto el desafío a condición de que el señor de Río pruebe que yo le injurié.

—Muy justo -dijo Estupes.

– ¡Ah! me olvidaba -dijo a su vez Farandi-, el señor de Río nos dio por escrito los términos textuales de la ofensa.

Y sacó de la cartera un papel que entregó a Padera.

Este leyó: "El escrutador es Aníbal de Río que come en morral, como un mulo de la vecindad contra los arroces y pavitos sociales".

Y exclamó con vehemencia:

–Señores, yo no he escrito nunca semejante cosa.

Padera añadió:

– ¿Y nos ha dicho el señor De Río la forma en que le dirigí tales injurias? ¿En carta, pasquín, anónimo o por medio de la prensa?

–Ignoramos la forma -contestaron aquellos.

–El asunto se enreda cada vez más para mí. No puedo acertar con su origen, verdadero embolismo oscuro y odioso.

–Lo sentimos, señor Padera.

–Pero, en fin, vuelvo a lo que antes expresé: que el señor de Río demuestre que soy el autor de esas palabras, e inmediatamente enviaré mis padrinos a ustedes.

–Estamos conformes, señor Padera, y nos retiramos, deseando que el conflicto se corte por un avenimiento.

–Gracias, señores.

Padera se veía en medio de las mayores incertidumbres y angustias.

"¿Quién ha escrito esas palabras? ¿Quién me ha calumniado? ¿De dónde procede esta trama infernal?" se preguntaba a sí mismo sin atinar a responderse.

Y nuevamente se dejaba arrastrar por cálculos, recuerdos y suposiciones.

En tal situación se presentaron Salustio y Eduardo.

Dijo el primero:

–Aquí nos tienes para tomar parte en tus trabajos.

– ¡Llegáis a tiempo: os lo agradezco, amigos!

– ¿Qué hay de nuevo? ¿O cuál es el estado de la cuestión? -preguntó Eduardo.

Terencio le alcanzó el papel, y una vez que los dos se hubieron informado, añadió:

–El señor de Rio me atribuye la paternidad de esas frases que me ha remitido con sus padrinos.

–No comprendo una jota -murmuró Salustio. Terencio continuó:

–Él mismo vino primero, y retándome a duelo por una ofensa, que se negó a manifestar, me hizo saber: que se llamaba Aníbal de Río, que había sido escrutador de votos en una sociedad industrial, que vivía en la vecindad y estaba contratado en la pensión de las Moral, alias Morral.

–Si es así, este papel lo describe -dijo Eduardo. -jAh! ¡Ah! ¡Ah!

– ¿Pero, tú has escrito eso, Terencio? -agregó Salustio.

En este momento entró Diego, que había oído a Salustio Y Terencio, y apostrofó enfáticamente a éste.

– ¡Has escrito y no has escrito! o más bien, ¡te han hecho escribir! quiero decir...

– ¡Explícate con mil de a caballo! -le replicó vivamente Terencio.

Salustio y Eduardo intervinieron uno tras de otro:

– ¡Despacha, Pitonisa con pantalones! -¡Habla, Sibila de Cumes barbudo! -Si me hostilizáis, me callo. -¡Qué afán de mortificar! -exclamó Salustio-. ¡Estamos sobre púas, hombre!

–Bueno, haya paz. Dime, Terencio, ¿has leído La verdadera luz, de ayer?

–No, Diego. Vi el periódico en casa, pero el estado de mi ánimo no me permitió tomarlo en la mano.

– ¿No? Pues emprendamos otro camino. ¿No es cierto que has escrito en ese número un artículo titulado "Escritor notable", haciendo grandes alabanzas del joven Aníbal de Río, que filosofa en la prensa sobre moralidad de las costumbres?

–Es verdad -contestó Terencio, sospechando el origen del embrollo.

–Ahora ya es fácil...

– ¡Sigue! ¡Sigue! -le dijeron los tres.

La presencia de Aníbal de Río interrumpió las explicaciones de Diego.

Aníbal de Río saludó a todos, y se dirigió a Terencio.

–Señor Padera, he sabido con extrañeza por los señores Farandi y Estupes, que Ud. persiste en negar haber escrito las ofensas cuya copia le envié. Me parece que no es hidalgo rehusar la satisfacción.

– ¡Caballero! Modere Ud. sus palabras.

–Ha llegado la hora de ser franco. El miedo no honra a quien estima su decoro.

Eduardo, Salustio y Diego fruncieron el ceno, haciendo un movimiento como para echar al imprudente.

Terencio los contuvo con una mirada.

– ¿Por qué -dijo impetuosamente Diego- se atreve Ud.a pronunciar palabras tan poco urbanas?

–Porque traigo la prueba incontestable de la culpabilidad de su amigo. He aquí el último número de La verdadera luz; he aquí el artículo "Escritor notable"; he aquí los insultos: "El escrutador es Aníbal de Río que come en morral, como un mulo de la vecindad contra los arroces y pavitos sociales"; he aquí la firma del autor: Terencio Padera.

–Tenga Ud. calma. Dentro de un momento le convenceré de que no son mías esas atrocidades.

– ¡Todavía...!

–Magnífico -interrumpió Diego-. Ved a Rodomán, administrador de La verdadera luz. Le previne trajera el original del artículo, presumiendo su decisiva importancia.

Efectivamente Rodomán entró con fisonomía tímida y consternada, y dio el original a Diego, que lo paso a Terencio.

–Entonces será al instante, señor de Río. Este original dice, en la parte señalada por Ud.: "El escritor es Aníbal de Pío, que corre en moral como un muro de la verdad contra los errores y hábitos sociales", lo cual ha tergiversado el cajista de una manera monstruosa.

– ¿Es posible, señor Padera?

–Ud. tiene la palabra, señor Rodomán. ¿Por qué no está conforme el artículo con el original?

–Señor, Ud. no tuvo lugar para corregir las pruebas. Apremiado por el tiempo no hice yo mismo la confrontación, y el regente me aseguró que todo estaba en regla.

–Puede Ud. retirarse, señor Rodomán. Le ruego que tenga más cuidado para no exponer a los amigos a desafíos y quebraderos de cabeza.

De Río estaba rojo como un tomate, y balbuceó:

– ¿Deberá contar con alguna rectificación en La verdadera luz?

–Indudablemente, señor de Río, haré que se reproduzca el artículo con nota que testifique los errores de imprenta.

Salustio, Eduardo y Diego, con los carrillos hinchados de risa, se esforzaban por mantener la seriedad.

–Quedó satisfecho. Por lo demás, señor Padera, siento las molestias que le ocasione, intrigado por apariencias de ofensa. Pido a Ud. mil perdones.

–No es nada, señor de Río. También de mi parte siento los disgustos que le han hecho sufrir los errores de imprenta.

Aníbal de Río saludó y se dio prisa en marcharse.

Casi inmediatamente tronaron en la habitación las risas de Eduardo, Salustio y Diego.

Sólo Terencio no salió de su moderación...

Luego se desencadenó el siguiente animado diálogo:

—La tragedia se ha transformado en comedia "por vía de encantamiento" como dice Cervantes.

—Hay asunto digno de Moliere y de Bretón de los Herreros. Diego, ¿quieres escribir una comedia?

— ¿Qué más comedia que la acabada de representar? en la cual, sea dicho sin modestia, me ha tocado un importante papel.

—En ese orden no hay que olvidar al pobre... pero grande protagonista Terencio.

—Ni al terrible antagonista de Río.

— ¡Déjale en paz! Se ha visto obligado a irse con rosario de melones y corona de alfalfa.

— ¡Pero que error de imprenta! A pesar de ser yo un poco fantaseador, no hubiera podido inventar una cosa tan extraña.

—Y tan propia y cumplida para el señor Aníbal de Río. ¡Ah! ¡ah! ¡ah!

—Yo pregunto, ¿a quién le ha podido ocurrir semejante despropósito?

—Al demonio que sin duda inspiró al cajista. -Lo cual encuentro lógico, aunque injusto. -¿Cómo así?

—Como que anda siempre Terencio de cuernos con el demonio. ¿No ataca y persigue a los suyos por medio de artículos de prensa, hablando de patriotismo, de honorabilidad y de virtudes religiosas?

—Cierto, se explica que trate de vengarse. No le profeses tanta enemiga, Terencio.

—No habléis desatinos -respondió Terencio.

—Nadie está libre de un percance.

— ¿Aun no siendo escritor? -replicó Salustio.

—Se entiende. Las falsificaciones del necio o del chismoso pueden atraer sobre cualquiera la paliza de un colérico, o el desafío de un galopín de moda.

—Eso significa que debemos guardarnos todos. ¿Lo habéis oído, Eduardo y Diego?

—Si -afirmaron los dos. Y Diego continuó:

—Es tiempo de que termine la aventura. Te felicito Terencio. Te has librado de que una espada te ensarte como a un pollo, o que una bala te estrelle el casco. Así que siempre tuyo.

—Nosotros -dijo Salustio- también nos vamos. No necesitas que te felicitemos: sabes que son nuestros tus dolores y placeres. Descansa de tan-tos fastidios.

—Gracias, mis queridos amigos; que Dios os guarde.

# Los Autores

Adela Zamudio Rivero (Cochabamba, 11 de octubre de 1854 - ibídem, 2 de junio de 1928) fue una destacada escritora, pionera del feminismo en Bolivia, que cultivó tanto la poesía como la narrativa.

Ricardo Jaimes Freyre (Tacna, 12 de mayo de 1866 - Buenos Aires 8 de noviembre de 1933) fue un escritor, poeta, historiador y diplomático boliviano naturalizado argentino. Es considerado uno de los referentes del modernismo latinoamericano.

Alcides Arguedas Díaz (La Paz, 15 de julio de 1879 - Chulumani, 6 de mayo de 1946), fue un escritor, político e historiador boliviano. Su obra literaria tuvo una profunda influencia en el pensamiento social boliviano de la primera mitad del siglo XX.

Julio Lucas Jaimes (Potosí, 18401 - Buenos Aires 1914) fue un escritor, tradicionista, periodista y diplomático boliviano, también conocido bajo el pseudónimo de Brocha Gorda.1

Antonio Díaz Villamil (La Paz, Bolivia; 13 de junio de 1897 - La Paz, Bolivia; 1948) fue un escritor, novelista, dramaturgo e historiador boliviano.

Juan Francisco Bedregal (La Paz, 1883 - Cochabamba, 1944) Escritor y jurista boliviano. Fue profesor de la Facultad de Derecho y rector de la Universidad Mayor de San Andrés en La Paz.

José Santos Machicado (La Paz, 1844 - La Paz, 1920) fue un escritor, cuentista, poeta, abogado y jurista boliviano.

www.ingramcontent.com/pod-product-compliance
Ingram Content Group UK Ltd.
Pitfield, Milton Keynes, MK11 3LW, UK
UKHW021939190726
13853UKWH00004B/1546